UN COIN

DE LA CHAMPAGNE ET DU VALOIS

AU XVIIe SIÈCLE

JEAN DE LA FONTAINE – MARIE HÉRICART

PAR

I. SALESSE

Principal du Collège de Château-Thierry.

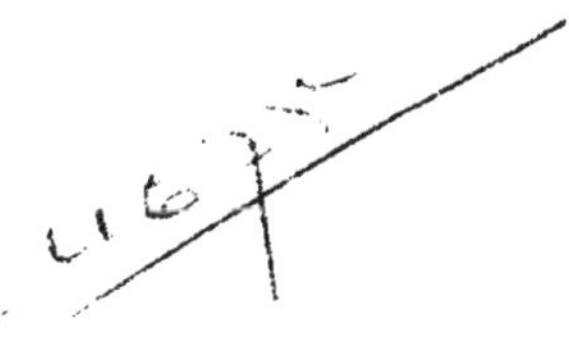

CHATEAU-THIERRY. — IMPRIMERIE LACROIX
26, Rue Saint-Martin, 26

1894

UN COIN

DE LA CHAMPAGNE ET DU VALOIS

AU XVIIe SIÈCLE

JEAN DE LA FONTAINE — MARIE HÉRICART

UN COIN

DE LA CHAMPAGNE ET DU VALOIS

AU XVIIᵉ SIÈCLE

JEAN DE LA FONTAINE — MARIE HÉRICART

PAR

I. SALESSE

Principal du Collège de Château-Thierry.

CHÂTEAU-THIERRY. — IMPRIMERIE LACROIX
26, Rue Saint-Martin, 26
—
1894

PRÉFACE

J'ai tout lu sur La Fontaine; je le crois du moins, et je ne suis guère plus avancé qu'au premier jour de ma lecture, puisque ce que le bonhomme a conté,

Fleur de sagesse et de gaité

N'a pu fournir à ses biographes, à ses critiques, des documents d'une valeur indiscutable sur ce que j'appellerai son existence provinciale. J'ai fini par comprendre pourquoi Jean-Jacques Rousseau met ses enfants à l'hôpital, pourquoi Montaigne ne se rappelle pas si c'est bien deux ou trois marmots qu'il a jadis enterrés, mais je n'ai jamais pu m'expliquer l'indifférence du bon La Fontaine à l'égard de sa femme et de son fils. Comment! lui qui, plus que tout autre, semble avoir été nourri du lait de la tendresse humaine, lui qui gémit du coup de serpe reçu par une pauvre haie de jardin, lui enfin qui malgré quelques boutades à l'adresse de « l'âge sans pitié » semble plutôt réserver tous ses coups « aux pé-

dants faiseurs de harangues » et plaindre sincèrement les malheureux écoliers qui tombent entre leurs mains, aurait ainsi méconnu les siens et vécu loin d'eux sans le moindre remords, avec une désinvolture étrange et le sourire aux lèvres? Cela m'a toujours remué jusqu'au fond de l'âme, et je me suis promis ou d'expliquer nettement le pourquoi d'une telle façon d'agir ou de laver à tout jamais le fabuliste d'une accusation que je trouve insuffisamment justifiée.

UN COIN
DE LA CHAMPAGNE ET DU VALOIS
AU XVIIe SIÈCLE
JEAN DE LA FONTAINE — MARIE HÉRICART

CHAPITRE PREMIER

FAMILLE DE LA FONTAINE

La Fontaine naquit le 8 juillet 1621 à Château-Thierry, de Charles de La Fontaine, maître des Eaux-et-Forêts et de Françoise Pidoux, fille du bailli de Coulommiers. Sa famille était fort ancienne et il faillit être victime des prétentions qu'elle avait à la noblesse.

Dans l'acte d'arpentage d'un domaine dit de la Tuéterie ou de la Fontaine au Renard, « origine de la famille » le grand-père de notre poète, Charles de La Fontaine, maître particulier des Eaux-et-Forêts et capitaine des chasses au duché de Château-Thierry, est qualifié d'écuyer. Dès le règne de Henri IV, il arrivait souvent que des roturiers, dans l'espoir de se soustraire au paiement de la taille, prenaient ce titre. Le roi en fît d'expresses prohibitions par édit de Mars 1600.

Louis XIII, janvier 1634, défendit également d'usurper la noblesse et de prendre la qualification d'écuyer sous peine de deux mille livres d'amende.

Les agents du fisc produisirent des actes dans lesquels La Fontaine à l'exemple de ses ancêtres s'était qualifié d'écuyer. Le poète adressa une supplique en vers au duc de Bouillon, épitre postérieure au 20 avril 1662, époque du mariage de Marie Mancini avec le noble duc.

La généalogie de la famille de La Fontaine se trouve au complet dans les pièces justificatives annexées à l'histoire du fabuliste par Walckenaër (1).

De l'étude de ces pièces il résulte que le premier ancêtre connu, Pierre de La Fontaine, était marchand drapier à Château-Thierry. Un de ses arrière-petits-fils, Louis de La Fontaine, épousa une Madeleine Petit, parente peut-être des Héricart, dont on trouvera le tableau généalogique en partie inédit. Il existait aussi une Louise de La Fontaine, fille de Jehan de La Fontaine (frère de Pierre), et de Marie Jannart. Or, les Jannart s'allièrent aux Héricart; toutes ces alliances prouvent que les relations entre Château-Thierry et La Ferté-Milon étaient fréquentes. Cela explique aussi le mariage de La Fontaine et de Marie Héricart, fait par l'intermédiaire de Jacques Jannart substitut du procureur-général Fouquet.

L'acte de naissance de Jean de La Fontaine se trouve annexé aux *Annales* de la Société historique et archéologique de Château-Thierry, année 1889.

(1) Tome Ier page 291.

Le prêtre qui a rédigé cet acte de baptême, dit
M. Barbey président de cette Société, a, dans la
rapidité de son écriture, omis un si grand nombre
de mots, qu'une transcription fidèle en serait pour
beaucoup de personnes aussi inintelligible que le
fac-similé lui-même.

Comme presque tous les actes de baptême de
l'époque, celui de La Fontaine n'indique pas le jour
précis de la naissance, mais l'on sait qu'à moins de
circonstances extraordinaires on présentait l'enfant
à l'église le jour même qu'il était né. Cet acte n'indique pas non plus le domicile des parents, mais
tout le monde est d'accord sur celui de Charles de
La Fontaine, et la preuve authentique en est four-
nie par le contrat de vente de sa maison.

L'acte fut passé devant Mes Delaulne et Jorel, no-
taires à Château-Thierry, 2 janvier 1676.

La famille des Pidoux était originaire du Poitou.
La filiation de La Fontaine avec les Pidoux de Poitiers et de Châtellerault est clairement établie. Le
poète en parle à sa femme. (Lettre VI. Outre cette
parente de Châtellerault, je dois avoir à Poitiers
un cousin germain, etc).

Cette famille tenait depuis longtemps un rang
honorable dans la magistrature et le corps des médecins de son pays d'origine et avait une excellente culture littéraire et scientifique.

Il n'est pas indifférent de savoir que La Fontaine

avait été précédé dans sa famille par une longue
suite d'hommes d'étude et de talent. On peut ajou-
ter à ces renseignements un fait assez piquant,
c'est qu'il y avait une certaine alliance entre les
Richelieu et les Pidoux, ancêtres de La Fontaine.
Ce détail ne figure dans aucune biographie. On le
trouve dans le *Bulletin* de la Société de l'histoire
de Paris et de l'Ile-de-France. — Janvier-Fé-
vrier 1889.

On y lit aussi que les Pidoux, de Coulommiers
tenaient à ceux du Poitou par Jean Pidoux, médecin de Henri III et auteur du Traité des eaux de
Pougues.

Ce Jean Pidoux était né à Paris. Ses fonctions le
retenant à la Cour, Paris devait être son séjour
habituel. Il s'était marié dans l'Ile-de-France. Nous
savons qu'avant l'année 1582 sa femme Françoise
Bobe possédait à Coulommiers une propriété composée de deux corps d'habitation et de jardins qui
leur servaient de maison de campagne. Ce Jean
Pidoux avait accompagné Henri III en Pologne et
avait rencontré dans l'entourage de ce prince de
nombreux Poitevins, notamment François II Du-
plessis de Richelieu, père du cardinal. C'est probablement en souvenir de la parenté avec les Pidoux
et aussi des services rendus par eux aux Duples-
sis, grâce à la sérieuse influence qu'ils avaient à la
Cour, qu'un certain Jean Pidoux fut nommé curé

de la Fontenelle dans le diocèse de Luçon (alors que Richelieu déjà bien en Cour en était encore évêque).

Aussi avec quel plaisir et quels détails le fabuliste fait à sa femme la description du château de Richelieu lors de son voyage en Limousin (Lettre V).

L'éducation de La Fontaine, dit M. Walkenaër, (1) paraît avoir été négligée et on croit, ajoute-t-il, qu'il étudia d'abord dans une école de village, ensuite à Reims, ville pour laquelle il avait une prédilection particulière.

M. Mesnard (2) dit que son enfance et sa vie de petit écolier n'ont laissé que peu de traces, et toutes ne sont pas certaines.

D'Olivet, (3) affirme que La Fontaine n'eut que des maîtres de campagne qui ne lui enseignèrent que le latin. M. Mesnard trouve qu'il est plus naturel de penser que ses parents le confièrent aux régents du collège de Château-Thierry qui rivalisait avec ceux de Reims et de Paris (4). Il est très probable, en effet, que le jeune écolier eut d'autres maîtres que de simples instituteurs, dont à vrai dire bon nombre de villages étaient pourvus.

<hr>

(1) Hist. de L. livre 1, page IV.
(2) Not. Biog. d. L. F., page X.
(3) Hist. de l'Ac. Fr., 3ᵐᵉ édit. 1743, tome II, page 321.
(4) Biographie de Maucroix, par Louis Racine, tome Iᵉʳ, page 18.

On sait que quelques seigneurs faisaient parfois des legs en faveur des enfants pauvres des deux sexes. Ainsi par exemple le vicomte du Charmel, seigneur de Jaulgonne, dont le suzerain était le duc de Château-Thierry, aida en 1676 à une fondation destinée à entretenir : 1° deux religieuses pour l'instruction gratuite des jeunes filles; 2° un instituteur chargé de donner gratuitement l'instruction aux jeunes gens pauvres de la paroisse (1). Mais d'un autre côté (2) les fils de bourgeois riches ou aisés ne paraissent avoir fréquenté ces écoles qu'à partir du xviii° siècle.

Au xvii° siècle, cette accointance était absolument impossible.

Il existait à Château-Thierry, depuis 1410, des écoles dirigées par un personnage qui avait le titre de recteur et maître des écoles sous la juridiction des religieux de Val-Secret, dont l'abbé portait le titre de grand écolâtre de Château-Thierry. Les filles, d'après cette juridiction, étaient élevées par des religieuses et les garçons instruits par un laïque. Deux notices biographiques encore manuscrites, l'une de M. Lecart ancien professeur du collège, l'autre de l'abbé Hébert, affirment que La Fontaine fut élevé au collège de sa ville natale

(1) Ann. de la Soc. Hist. et Arch. de Ch.-Th., année 1889, page 120, article de M. Moulin, membre de la Société.

(2) Même année 1889, page 97.

jusqu'en troisième et qu'il fît ses humanités à l'oratoire (Juilly) où l'on montre encore la cellule par la fenêtre de laquelle il jetait sa barrette dans la cour du couvent attenant à l'établissement des oratoriens.

Enfin M. l'abbé Hazard, curé de Saint-Nicolas de La Ferté-Milon, qui fait autorité, prouve par raisons démonstratives que Jean Racine avait commencé ses études chez son oncle Régnault, principal du collège de La Ferté-Milon, et non à Oulchy-le-Château comme on l'avait cru jusqu'ici.

Il est de même très probable que La Fontaine fut élevé près des siens et confié aux régents du collège auquel tenait infiniment la ville de Château-Thierry. La nomination du principal se faisait très solennellement. Les notables se réunissaient à l'Hôtel-de-Ville et désignaient l'ecclésiastique qui leur présentait les meilleures garanties.

Malheureusement, les choix ne furent pas toujours heureux; aussi, dès les premières années du XVIIIe siècle, les officiers municipaux durent se contenter de désigner le candidat. Le soin de l'investiture fut laissé à l'abbé de Val-Secret.

Ce qui peut avoir donné lieu à la légende que La Fontaine fut élevé par un maître de village, c'est qu'un maître primaire était adjoint aux régents pour enseigner aux élèves les premiers éléments. C'est lui qui apprenait à lire et à écrire.

Je vais ici me permettre une légère digression qui fera bien comprendre pourquoi La Fontaine est de l'avis de Marot qui nous avoue sans détour que « C'étaient de grandes bêtes que les régents du temps jadis. »

Il disait même volontiers avec Rabelais : leur sapience n'est que menterie abâtardissant toute fleur de jeunesse. Voici l'histoire : Elle est postérieure à l'époque où vivait La Fontaine, mais elle ne dut pas être un fait isolé, et le poète fut sans doute témoin de quelque aventure du même genre. En 1725, les officiers municipaux procédèrent à la nomination du Principal ou Régent de la grande école. Ils désignèrent le sieur Antoine Duponcet, curé de Bézu. L'abbé de Val-Secret ne fit pas attendre son acquiescement. Le nouvel élu ne passa même pas d'examen. Il jouit paraît-il, d'une certaine considération durant plusieurs années, mais enfin, il fallut se rendre à l'évidence.

On s'aperçut qu'il était *impar muneri*. Il fit la sottise d'avoir un procès avec le maître chargé de la classe enfantine. Ce maître ne manqua pas de faire connaître l'insuffisance du régent. On fit une enquête et l'évêque de Soissons, monseigneur de Fitz-James, le manda venir pour l'examiner. Il lui proposa de choisir lui-même l'auteur latin et le passage de cet auteur qu'il lui serait le plus aisé d'expliquer. Il resta bouche close. C'était, comme dit

Plaute, vouloir tirer de l'huile d'une pierre ponce. Le prélat le pria de quitter immédiatement sa place. Il n'en voulut rien faire et il fallut un arrêt du Parlement pour le casser aux gages.

La Fontaine eut aussi pour maître son cousin Pintrel auquel il communiqua les premiers essais de sa muse. Ce Pintrel, procureur du roi au présidial, avait mis en vers français les œuvres de Sénèque. Sa traduction, dont La Fontaine fut l'éditeur, ne parut qu'après la mort de l'auteur en 1681. Le fabuliste en faisait une estime particulière; il acquittait en même temps une dette de reconnaissance. Un peu plus tard, son goût pour la poésie fut encouragé par les Jannart et par son père qui aimait passionnément les vers, sans être en état d'en composer lui-même. Enfin, Racine, (1) nous apprend que son ami consultait souvent sa femme et sa sœur, toutes deux très instruites et pleines d'esprit (2).

Son enfance et sa première jeunesse jusqu'à son mariage s'écoulèrent (ou peu s'en faut) dans sa ville natale où personne ne croit avec Fréron que sa famille l'ait mis au collège de Reims.

Ce qui a pu donner créance à cette affirmation

(1) Lettres II, tome **VI** édit. 1820, et lettres **XVII**, tome **VII**, édit. 1808.

(2) On en reparlera plus loin à propos de l'Académie de Château-Thierry.

gratuite, c'est la découverte faite par Rathéry d'un exemplaire de Lucien portant au haut de la première garde intérieure : *de La Fontaine, bon garçon, fort sage et fort modeste*, et sur le titre duquel à travers un bâtonnage postérieur on distingue le nom de Ludovic Maucroix, frère aîné de François Maucroix. Cela ne prouve rien. La tradition veut au contraire que Maucroix ait été le condisciple de La Fontaine au collège de Château-Thierry. A-t-on jamais dit que notre poète ait fait ses études à Troyes parce que, de très bonne heure, il parait avoir été lié avec M. Belin, médecin, dans cette ville ? Néanmoins, un fait acquis, c'est que la Cité Rémoise avait le don de lui plaire. Il ne s'en cache pas : « *Il n'est Cité que je préfère à Reims, c'est l'ornement et l'honneur de la France.* » Les relations entre cette ville et Château-Thierry étaient d'ailleurs fréquentes, les nombreuses alliances contractées par les familles des deux régions en sont une preuve.

Nous le verrons à propos du mariage de Louis Héricart avec Agnès Petit.

A la fin de ses études, La Fontaine entre à l'oratoire (27 avril 1641) d'où il sort 18 mois après.

Sa présence est constatée dans les Annales manuscrites de la maison de l'Oratoire établie rue Saint-Honoré. Adry, bibliothécaire de cette maison, fait allusion au goût éphémère de notre petit saint pour l'état ecclésiastique et prétend que Guillaume Héricart, chanoine de Soissons, ne fut pas étranger à cette détermination un peu prompte. C'est un pur anachronisme, signalé d'ailleurs par M. Mesnard. Cet Héricart était le neveu de la femme de La Fontaine. Il faut donc attribuer cet engouement passager à l'influence des religieux de Château-Thierry ou plutôt à la soudaineté des impressions ressenties par lui chaque fois qu'une lecture attrayante détachait son esprit des objets extérieurs. Dans ce cas, il va jusqu'à tout mêler dans son admiration naïve : Baruch, Saint-Augustin, et Rabelais. *Honni soit qui mal y pense;* pour lui

> . . . . . Tout est bon aux entretiens,
> C'est un parterre où Flore épand ses biens.

CHAPITRE II

CHÂTEAU-THIERRY

De retour à Château-Thierry, Jean s'amuse, comme on l'a dit cent fois, à rêver au milieu de ces berceaux de verdure qui teintent si pittoresquement les collines et la vallée de la coquette Cité. Je m'imagine le voir effleurant déjà tous les sujets avec le murmure et la légèreté de l'abeille, courant où l'appelle le caprice, seule règle de ses vers. Il se retire tous les jours dans le bois de Blesmes, sombre asile s'il en fut.

> . . . . Ce bois délicieux,
> De ses arbres chenus semble toucher les cieux.

C'est de là qu'il peut à loisir et loin du bruit de la ville, contempler

> Le vert tapis des prés et l'argent des fontaines.

Quel milieu pour l'éclosion des beaux vers !

C'est là que, le long des ruisselets qui coulent sous les peupliers et les ormeaux, il surprend la

colombe, jetant un brin d'herbe à la fourmi nau-
fragée.

..... Tout lui rit sous les cieux, car en aucun
lieu du monde la nature ne revêt une plus gente
livrée.

La petite ville elle-même, bâtie en amphithéâtre
sur le penchant d'une montagne exposée de pied
en cap au soleil du midi, merveilleusement arrosée
par une rivière calme et paisible dont les boucles
majestueuses s'arrondissent au pied de mamelons
chargés de vignes et couronnés de bois, semble
heureuse de montrer ses atours. La Marne (ou
grande Dame) aide à cette coquetterie, tandis qu'un
ciel sans nuage la rend transparente *ainsi qu'aux
plus beaux jours.*

Le château a donné son nom à la ville. Construit
par Charles Martel pour servir de prison au faible
Thierry IV, il est maintenant en ruines. Au-dessus
de ses murailles on a créé une sorte de promenade.
Du haut de cette magnifique terrasse, on peut contempler et suivre sur une étendue de plus de 20 ki-
lomètres, cette rivière de Marne serpentant doucement le long d'une vallée largement ouverte,
semée de villages et entrecoupée de prairies. Il
est des sites, comme celui de La Ferté-Milon par
exemple, qui font éprouver à l'homme une sorte de
tristesse.

Dans ce fortuné pays tout le contraire arrive

En présence de cette ravissante nature on se sent pénétré de je ne sais quel sentiment de douce satisfaction.

C'est là que sont venus rêver et créer les Gérardet, les Karl, les Corot. Le moulin de Blesmes a reçu ces hôtes illustres, le dernier surtout qui se faisait indiquer les sentiers connus de La Fontaine, les recoins bénis où, nouvel Épiménide, le poète semble goûter encore ce sommeil qu'il aimait tant.

Faut-il s'étonner après cela, qu'un de nos plus célèbres paysagistes, M. Lhermitte, vienne toujours puiser au pied de ces délicieuses collines ses plus charmantes inspirations !

Reportez-vous à la description si pittoresque des bords de la Loire que nous devons au léger pinceau du fabuliste en voyage. « Quant au pays, je ne vous en saurais dire assez de merveilles. Point de ces montagnes pelées qui choquent tant notre cher Monsieur de Maucroix, mais de part et d'autre, coteaux les plus agréablement vêtus qui soient dans le monde. »

« Nos gens et moi nous ne manquâmes pas
De promener à l'entour notre vue :
J'y rencontrai de si charmants appas
Que j'en ai l'âme encore tout émue,
Coteaux riants y sont des deux côtés ;
Coteaux non pas si voisins de la nue
Qu'en Limousin, mais coteaux enchantés ;

> Belles maisons, beaux parcs et bien plantés,
> Prés verdoyants dont ce pays abonde,
> Vignes et bois, tant de diversités,
> 'Qu'on croit d'abord être en un autre monde. »

On dirait qu'il s'agit des environs de Chaûry (Château-Thierry), comme on disait au XVIIᵉ siècle. Si nous passons aux habitants, ils s'harmonisent on ne peut mieux avec ce site enchanteur.

Claude Galien, un des médecins du XVIIᵉ siècle, écrivait en 1630 : « Les habitants de Chaûry sont curieux en leurs habits, courtois en paroles, polis en leurs entretiens, complaisants en leur humeur, gentils en leurs conversations, et civilisés dans leurs actions » (1).

Ils sont aujourd'hui ce qu'ils étaient alors. Leur physionomie calme, leurs regards profonds, scrutateurs sans effronterie, sinon sans malice, attestent que « leur cervelle toujours va d'un pas mesuré. » (Molière l'Étourdi, acte 1ᵉʳ scène 1ʳᵉ). C'est la réponse à faire à ceux qui comme M. Louis Pauliat (nouvelle revue quatrième année, tome XVI, 15 mai 1882, page 385 et suivantes) prétendent que La Fontaine avait le travail facile. Il y a deux sortes de facilités : la première consiste à moudre des phrases avec l'aisance d'un Lama; la seconde, à traduire d'une façon originale et personnelle des

(1) Claude Galien, traité des eaux minérales, bibliothèque du Jardin des Plantes.

pensées que le commun des hommes rendraient incontinent sans chercher à découvrir de nouveaux rapports entre les objets. Je laisserai de côté la première, elle est à tous les coins de rue ; quant à la seconde, elle mérite qu'on s'y arrête, puisqu'elle a été le propre des plus grands génies du xvII^me siècle. N'a-t-on pas dit de Racine, pour n'en citer qu'un seul, qu'il faisait difficilement des vers faciles, et ne sait-on pas que Corneille soulevait à tout moment une trappe pour demander une rime à son frère, dont il enviait la prodigieuse facilité ? On ne dit pas, certes, que La Fontaine ait eu le travail pénible, bien qu'il nous ait fait ses confidences à cet égard :

> Je fabrique à force de temps,
> Des vers moins sensés que ma prose !

dit-il, en se comparant au duc de Bourgogne.

« Et ailleurs : fable 26, livre XII, à Madame de la Mésangère, fille de Madame de la Sablière. »

> Je ne puis qu'en cette préface
> Je ne partage pas entre elle et vous
> Un peu de cet encens que je cueille au Parnasse
> Et que j'ai le secret de rendre exquis et doux.

Inutile aussi de parler de ses nombreuses variantes, de ses corrections continuelles ; tous les auteurs se reprennent et l'on n'en voit point qui rendent leur pensée du premier coup.

Néanmoins, La Fontaine appartient à cette génération de poètes pour qui chercher semblait indispensable. Il me paraît même certain que lorsqu'on le surprend à mettre deux compositions à la fois sur le métier, ce n'est pas au caprice, à la fantaisie, qu'il faut attribuer ce double exercice. Le poète peut obéir, sans doute, au désir de faire coup double, mais il est à présumer que l'idée du mieux, du fini, doit être pour beaucoup dans ce désir, alors surtout que l'âge l'avertit de peser, non de compter. De là, le Renard, les Mouches et le Hérisson. De là, cette double épitaphe en l'honneur de son ami Molière :

Sous ce tombeau gisent Plaute et Térence,
Et cependant le seul Molière y gît.
Leurs trois talents ne formaient qu'un esprit
Dont le bel art réjouissait la France.
Ils sont partis! et j'ai peu d'espérance
De les revoir. Malgré tous nos efforts,
Pour un long temps, selon toute apparence,
Térence, et Plaute, et Molière sont morts.

Cy gît qui parut sur la scène
Le singe de la vie humaine
Qui n'aura jamais son égal,
Qui voulant de la mort ainsi que de la vie
Être l'imitateur dans une comédie,

Pour trop bien réussir y réussit fort mal,
Car la mort en étant ravie
Trouva si belle la copie
Qu'elle en fit un original.

Cette seconde épitaphe attribuée par un auteur anonyme à La Fontaine est tirée d'un recueil inédit (bibliothèque de Château-Thierry), où figurent environ 200 épitaphes latines et une vingtaine en français.

Je n'insisterai pas davantage pour me hâter d'arriver à ce que j'appellerai l'acte le plus malheureux de sa vie, je veux dire son union avec Marie Héricart.

Jean n'était pas toujours raisonnable, ce n'est que trop évident.

Quand il ne songeait qu'à feuilleter les auteurs anciens dont son cousin Pintrel lui conseillait l'étude pour lui faire oublier Voiture et autres qui avaient pensé le gâter, tout allait pour le mieux; mais à Chaûry la jeunesse était endiablée, volage à l'excès; aussi notre jeune échappé de Juilly s'en donnait à cœur joie. L'ennuyeuse théologie dont il maudissait le souvenir contribua pour beaucoup à le jeter, au sortir du séminaire, dans ses premières dissipations. On parle encore de ses nombreuses intrigues amoureuses ourdies tant à Château-Thierry que dans les environs. Walkenaër en cite deux, dont l'une est antérieure et l'autre postérieure à son mariage. La première suppose une audace incroyable. La femme du lieutenant du roi de Château-Thierry lui plaisait.

Pour arriver jusqu'à elle, il profite de l'absence du mari, se saisit d'une petite chienne qui faisait bonne garde et le soir. (d'intelligence avec la suivante) il pénètre dans la chambre à coucher de la Dame et se cache sous une table recouverte d'un tapis. Bien que la maîtresse du logis eût retenu une de ses amies auprès d'elle, La Fontaine loin de se décontenancer, attend que cette malencontreuse personne soit endormie, puis il s'approche doucement du lit, et dit à voix basse : Ne craignez rien, c'est La Fontaine.. « La lieutenante qui ne dormait pas, dit Tallemant des Réaux, parut enchantée d'une si grande marque d'amour, et quoique La Fontaine assure qu'il n'en a obtenu que de légères faveurs, je crois qu'elle lui a tout accordé. »

Son père vivait dans des transes mortelles. Les escapades du fils, ses multiples aventures, son immense amour de la liberté, du sans-gêne et des plaisirs, lui causaient un chagrin que partageait, du reste, la famille tout entière.

D'un autre côté, Jean n'ignorait pas que les siens étaient très fiers de ses dispositions pour la poésie. Le père ne cachait à personne son parfait contentement, et chacun s'applaudissait de l'heureuse influence exercée par le cousin Pintrel sur l'inflammable jouvenceau. Nous avons déjà dit qu'une ode de Malherbe avait communiqué l'étincelle à l'enthousiasme du poète naissant. Il est certain que les lectures qu'il fit jusqu'à l'âge de vingt-six ans, nonobstant celle des romans à la mode, donnèrent à son esprit une tournure qui ne fit que s'accentuer après son mariage, au grand déplaisir de sa jeune épouse dont il n'aimait guère les entretiens compassés et les expressions alambiquées. Ses plaintes à cet égard sont instructives et ne nous laissent absolument aucun doute.

Le père ne manqua pas de se dire : Il n'y a qu'un remède, un seul; c'est de marier mon fils et de lui laisser la survivance de ma charge. D'un côté, les soins du ménage; de l'autre, les occupations de son nouveau métier ne lui laisseront pas assez de loisirs pour vaguer ainsi nuit et jour, au grand scandale du public, et tenter de nouvelles aventures galantes dont l'issue n'a rien de rassurant. »

Les partis ne faisaient pas défaut, assurément. Les bourgeois de Château-Thierry devaient, en foule, briguer l'honneur d'entrer dans une famille très honorable et remarquablement apparentée. Bon nombre d'entre eux étaient riches : les Bellenger, les Guyard, dont les Milonnais briguaient l'alliance, auraient été, sans doute, très flattés de ce mariage, mais l'aisance ne suffisait pas. Jean était

difficile. Il fallait lui trouver une personne accòm
plie.

Disons que La Fontaine n'y aurait jamais songé,
bien qu'il ait écrit : « Que le bon soit toujours ca-
« marade du beau et dès demain je prendrai
« femme. » L'essentiel était de mettre la main sur
une jeune fille capable d'assagir sinon de dompter
ce volage et capricieux amant. A cette époque, venait fréquemment à Château-Thierry où son père
était contrôleur au grenier à sel, Jacques Jannart
ou Jennart, conseiller du Roi et substitut du Procureur-général au Parlement de Paris. Jacques
avait épousé en 1636 (le 7 janvier), Marie Héricart,
fille de Guillaume Héricart lieutenant au bailliage
de La Ferté-Milon. Nous avons vu qu'une Marie
Jannart était femme d'un Jehan de La Fontaine.

CHAPITRE III

MARIAGE DE LA FONTAINE
PREMIÈRES DIFFICULTÉS
FAMILLE HÉRICART. — LA FERTÉ-MILON

Il y avait donc, dès le milieu du XVIe siècle, des liens de parenté entre les familles Jannart et de La Fontaine. Il est très probable que les deux familles avaient des rapports fréquents et que Jacques Jannart, qui connaissait fort bien le jeune La Fontaine et l'appréciait comme pas un, résolut de seconder le père dans ses projets.

C'était en 1647, Jean avait vingt-six ans et cet âge lui permettait de continuer les fonctions de son père. Il fallait en effet vingt-cinq ans révolus pour être admis à recueillir la survivance d'une charge. C'est ainsi que Jacques Jannart fut obligé, pour ne pas laisser tomber en des mains étrangères la lieutenance civile et criminelle de la Ferté-Milon, de remplacer son neveu, qui n'avait pas l'âge requis pour exercer la charge de son grand-père Guillaume Héricart. (Note communiquée par M. l'abbé Hazard). Jannart avait jeté son dévolu sur le jeune La Fontaine pour sa nièce par alliance, Marie Héricart. Au point de vue de l'honorabilité, rien à dire. La famille Héricart était par les hommes et les femmes une des plus brillantes de la Ferté.

Les annales de cette ville présentent comme gouverneur du château, Denis Héricart, qui paya de sa vie sa fidélité au roi. Cinq ans après, Jourdain, son neveu, est gouverneur pour le service de la Ligue. Guillaume Héricart, aïeul de Mademoiselle de La Fontaine, fils du précédent, fut conseiller du Roi, lieutenant civil et criminel, et assesseur. Il exerça ces différentes charges pendant trente ans. Il eut deux enfants : 1° Marie, épouse de Jacques Jannart, substitut du procureur général au Parlement de Paris, seigneur de Thury (titre conservé dans la famille Héricart); 2° Louis conseiller du Roi et lieutenant criminel à La Ferté-Milon, marié à Agnès Petit, dont nous allons parler.

ARMES DE LA FAMILLE

Au mont de Sinople chargé de flammes d'or. Au bout du mont, trois fumées d'azur au chef de gueules chargé de trois étoiles d'argent; pour support, deux salamandres affrontées.

Marie Héricart, était fille de Louis Héricart et d'Agnès Petit.

La famille de cette dernière était originaire de Châtillon-sur-Marne.

Elle était de bonne noblesse et ses membres portaient le titre de seigneurs d'Urtebize et de Bayeux. Son père, Charles Petit, était procureur du Roi aux Eaux-et-Forêts de Châtillon.

Elle eut pour mère Marie Moët, fille de Jacques Moët, écuyer, seigneur de la Bretanche, arrière-fils de Jean Moët, anobli en 1446.

Elle était par conséquent, noble de père et de mère.

Le nom de Moët est trop connu en Champagne et dans le monde entier, pour que nous insistions davantage. Je tenais à constater une parenté qui n'a jamais été signalée jusqu'ici (1).

Guillaume Petit, son bisaïeul, et Robert Petit, son aïeul, furent : le premier, gouverneur; le

(1) Ces détails ont été tirés de documents inédits sur la famille Héricart.

Tous ces documents sont actuellement entre les mains de M. l'abbé Hazard, curé de Saint-Nicolas de La Ferté-Milon.

second, secrétaire du comte de Braisne. Un de ses grands-oncles fut maître des Eaux-et-Forêts de Vitry et un autre, abbé de l'abbaye de Chartreuve (diocèse de Soissons). Le contrat de mariage de Marie Héricart date du 11 novembre 1647 et non du 10 comme le dit M. Mesnard. On ne connaît pas la date de la cérémonie, mais il est certain qu'elle eut lieu le même mois, parce que tous les actes de mariages spécifiaient que la bénédiction nuptiale serait donnée dans le plus bref délai possible.

Par eux-mêmes ces quelques renseignements semblent de peu d'importance. Il est pourtant facile de voir, en y réfléchissant, qu'ils ne sont pas trop à dédaigner, si l'on veut se rendre compte de la façon dont se concluaient les unions à cette époque. Il ne pouvait y avoir déchéance. C'était une loi draconienne qui pesait sur les familles, ou plutôt une sorte d'habitude invétérée que nos rois et la satire avaient définitivement consacrée en ce qui concernait les grandes alliances nobiliaires. Qui ne connaît l'histoire de Lauzun? Qui n'a lu dans les mémoires de Saint-Simon les quelques lignes tracées par ce duc entêté de la pairie, contre la duchesse de Rohan qui s'abaisse jusqu'à prendre un hobereau pour époux? (gentilhomme du nom de Chabot). La cour ne pardonnait pas une mésalliance.

En province, c'était encore pis.

Les portes se fermaient toutes devant le renégat et si Molière n'était pas là pour rappeler à Georges Dandin sa sottise, les chansons, les couplets grivois, les commérages et l'éternel charivari des badauds lui rendaient l'existence insupportable.

N'est-ce pas la nécessité d'être affublé d'un titre qui poussa La Fontaine à se qualifier de celui d'écuyer? Ne prend-il pas dans plusieurs actes, à l'exemple de ses ancêtres, cette qualité qui lui valut des poursuites de la part du fisc? Un arrêt rendu par défaut le condamna à 2,000 livres d'amende, il est très probable qu'il ne les paya pas, grâce à l'intervention du duc de Bouillon. Il fit excuser le pauvre poète qui se lamentait naïvement de sa condamnation.

> Avec cela je me vois condamné,
> Mais par défaut. J'étais lors en Champagne,
> Dormant, rêvant, allant par la campagne.
>
> . . . .
>
> Louis, ce sage et juste souverain,
> Que ne sait-il qu'un arrêt inhumain
> M'a condamné, moi qui n'ai point fait faute.
> A quelle amende! elle est, seigneur, si haute,
> Qu'en la payant je ne ferai point mal
> De stipuler qu'au moins dans l'hôpital
> Puisqu'il ne faut espérer nulle grâce.
> Pour mon argent j'obtiendrai quatre places.
> Une pour moi, pour ma femme une aussi,
> Pour mon frère une, encor que de ceci

Il soit injuste après tout qu'il pâtisse ;
Bref, pour mon fils, y compris sa nourrice.

Nul ne songeait à regimber contre la coutume et l'usage. Le père choisissait et c'en était fait pour jamais. La noblesse de robe était autant que son aînée, fidèle à la tradition. La parenté ne signifiait rien ; l'âge, pas davantage.

Les La Fontaine n'avaient plus souvenance de leurs ancêtres, marchands drapiers dans la bonne ville de Château-Thierry, et n'avaient plus d'yeux que pour les illustres ancêtres des Pidoux (1).

Les Héricart avaient oublié que le capitaine Poignant aimé de sa cousine était de la famille.

Son père était pourtant procureur au bailliage de La Ferté-Milon, en même temps que Louis Héricart était lieutenant, mais la petite-fille d'un président de tribunal ne pouvait s'allier au fils d'un simple substitut. De là, cette hâte maintenant inexplicable, à marier une fillette de quatorze ans

(1) Plus tard, en qualité de gentilhomme servant de la duchesse d'Orléans, La Fontaine fut nommé chevalier et on lui composa et donna les armes ci-après : d'azur à deux lions affrontés d'argent, supportant une caisse cubique d'où sort un palmier, l'écu timbré du signe de chevalier, casque d'argent à cinq grilles au nazal, à ventail ouvert, couronné d'un bourrelet.

Signification emblématique : AZUR, signe de bonté. LION, symbole de courage et de vaillance. ARGENT, satisfaction calme. CAISSE A FLEURS CUBIQUE, qui ne peut être renversée.

Les cinq grilles, dit un vieux manuscrit, ont rapport aux cinq sens de nature.

et demi; c'était, en effet, l'âge de Marie née et bap-
tisée le 26 avril 1633.

Nous plaçons ici, pour faire suite à ce qui précède, quelques tableaux généalogiques, incomplets
dans la biographie de M. Mesnard.

Ces tableaux feront connaître les différentes
parentés de Marie Héricart avec des personnages
connus, Racine entre autres.

Toutes ont été constatées par moi sur des actes
de retrait lignager. (Papiers inédits appartenant à
M. l'abbé Hazard).

De ces tableaux, il ressort que les Héricart
étaient alliés aux Racine et aux Poignant. Ils
étaient surtout fiers de leur parenté avec les Racine, qui. par les Sconin, tenaient à de grands
dignitaires ecclésiastiques. Antoine Sconin, par
exemple, qu'on voit arriver supérieur-général
de la congrégation de Sainte-Geneviève et qui
soutint contre l'archevêque de Paris (11 juin 1652,
annales de La Ferté) une question de préséance à
une procession de la chasse de Sainte-Geneviève.
C'est lui que les bons moines effrayés des réformes
qu'il avait introduites dans les règles de son ordre
reléguèrent, dans son généralat (1653) à Uzès, où,
pour ne pas accentuer sa disgrâce on le pourvut
d'un canonicat de la cathédrale et d'un prieuré,
celui de Saint-Maximin dans le voisinage d'Uzès.
C'était un homme de beaucoup d'esprit et de talent,

d'un caractère plein de douceur et de bonté. Il appela près de lui le jeune Racine son neveu qui six mois après, dit de lui dans une lettre (30 mai 1660). « Il est tout à fait bon et je crois que c'est le seul de la famille qui a l'âme tendre et généreuse, car ce sont tous de francs rustres. » Il faisait surtout allusion à Adrien Sconin, frère du précédent. Cet Adrien, en religion Don Cosme, l'auteur des premiers mécomptes du jeune poète, était en 1668 principal du collège de Soissons et consacrait ses heures de loisirs à composer des élégies et des tragédies, dont une, *Hector*, en cinq actes et en vers. Enfin, la famille des Racine avait un écusson présentant comme attributs principaux : un rat et un cygne. Ce symbole d'anoblissement donnait une valeur exceptionnelle à cette parenté. Les écussons tenaient lieu de tout; à tel point que le moindre changement apporté dans les attributs était une affaire d'État. C'est ainsi que lorsque l'aïeul du poète (celui qui probablement avait été anobli) fit bâtir une maison en 1662, une exécution frauduleuse du blason Racinien mit le contrôleur gentilhomme dans un tel courroux qu'il intenta dit-on un procès au peintre devant le prévôt royal de la châtellenie de La Ferté-Milon. L'artiste chargé par lui de reproduire ses armes sur une vitre, avait remplacé le rat par un sanglier.

LES HÉRICARTS DE LA FERTÉ-MILON, LIEUTENANTS DU BAILLAGE

1° GUILLAUME HÉRICART.
- 1618-1627. Lieutenant civil et criminel.
- 1627-1641. Lieutenant civil. Résigne le criminel en faveur de son fils.
- 1642-1648. Lieutenant civil et criminel, le fils étant mort il reprend son office.

2° LOUIS HÉRICART . . . . Père de :
- 1627-1641. Lieutenant criminel, par résignation du père en sa faveur.

3° LOUIS HÉRICART . . . . Père de :
- 1648-1651. Mineur remplacé par J. Jannart, au civil et au criminel.
- 1651-1680. Majeur, lieutenant civil et criminel par résignation de Jannart.

4° LOUIS HÉRICART . . . .
- 1680-1703. Lieutenant civil, criminel, maire perpétuel, etc.

Guillaume Héricart eut deux enfants, entre autres : 1° Louis qui suit et Marie dame Jannard.

Louis, fils de Guillaume eut aussi deux enfants qui furent orphelins par sa mort prématurée en 1641 : 1° Louis qui suit et 2° Marie, dame La Fontaine. L'oncle Jannart tient la lieutenance pendant la minorité de Louis et résigne en sa faveur à sa majorité.

Louis Héricart, est pourvu en 1651 du criminel et en 1655 du civil; à partir de ce moment il est comme son lieutenant civil et criminel.

Louis, fils du précédent, lui succéda après sa mort. Après lui le Baillage est établi à Villers-Cotterêts.

Cette note débrouille et rectifie ce que dit des Héricart la notice biographique sur La Fontaine. — Hachette, 1883, tome Ier des *Œuvres de La Fontaine,* par Paul MESNARD, page XXXI.

Maintenant que nous connaissons la famille des Héricart, il n'est pas inutile avant d'étudier notre jeune ménage, de connaître le milieu passablement original, qui vit naître et grandir notre héroïne.

La Ferté-Milon, ville féodale, *Firmitatem Milonis*, du nom de son premier seigneur connu, n'a rien d'attrayant. Le paysage est tranquille et morne, le bourg triste et froid. La verdure n'y a pas le chatoiement que le soleil champenois donne au feuillage de ses peupliers élancés. Le chêne est loin d'y prendre les proportions colossales qui dans le fabuliste lui font adopter à l'égard du roseau le ton beaucoup trop offensant d'un géant protecteur. Les gens y sont affables, mais sans rien de jovial.

« Ma bien venue au jour me rit dans tous les yeux, » pourrait dire chaque jeune fille, à Château-Thierry. Par contre, rien, chez les Milonnaises ne dériderait un visage attristé. N'est-ce pas l'effet de cette nature un peu sombre qui va jusqu'à donner aux arbres un aspect désolé ?

Suivez le canal de l'Ourcq, dans les environs de La Ferté, vous le croirez bordé de saules pleureurs.

Montez jusqu'aux ruines du château que le duc d'Orléans fit élever au XIVe siècle sur les fondements d'une ancienne forteresse. Vous dominez la vallée, mais vous cherchez en vain cet horizon que les collines de la Champagne ne voilent qu'à demi. Le château lui-même dit M. Médéric Lecomte, semble condamné à un ensevelissement éternel et ne sortira peut-être jamais de son linceul de poussière et de ruines. Il a le sort de toutes les grandeurs déchues : Objet de haine tant qu'il demeura dans sa force, aujourd'hui qu'il n'a plus que son sol désert à offrir au promeneur pensif, il n'excite plus que la pitié et le respect. »

Laissons de côté les grands seigneurs féroces et batailleurs du Valois pour arriver à l'époque fortunée où la fille de Raoul IV, Élisabeth, épouse le comte de Flandre, Philippe d'Alsace, célébré par Chrestien de Troyes son protégé.

Il paraît que cette jeune et maladive comtesse n'était pas étrangère à cette célébrité. Elle attirait auprès d'elle Jongleurs et Trouvères, et sa sœur Éléonore accorda toute sa protection à ces poètes chanteurs. Le roman de Sainte-Geneviève fut composé à sa demande. L'auteur dit, en effet, au début :

> La dame de Valois me prie
> De mettre en bon roman la vie
> D'une sainte que moult elle clame.

Elle mourut le 15 juin 1214.

Ces traditions se sont perpétuées à La Ferté-Milon. L'ordre de Génovéfains ne compta nulle part plus d'adeptes, et ce culte que les dames de

La Ferté professèrent toujours pour les romans religieux ou de chevalerie garda longtemps sa vogue et ne disparut pas de suite, malgré la faveur dont jouissaient La Calprenède et Mademoiselle de Scudéry.

Pourtant les romans du XVIIe siècle étaient lus aussi, mais sans préjudice pour les premiers.

Marie Héricart possédait les uns et les autres et je sais que plusieurs membres de la Société historique et archéologique de Château-Thierry, ont eu entre leurs mains quelques ouvrages de ce genre, portant la signature de Mademoiselle de La Fontaine. Ces romans, dont l'acquisition eût été, paraît-il, fort coûteuse, sont absolument introuvables aujourd'hui.

La Ferté-Milon était aussi très célèbre par ses pélerinages. C'est ainsi que la mémoire de Saint-Vast, patron de la ville, est vénérée de tous les habitants qui sont absolument convaincus que le pieux fondateur de la Cité, procure aux enfants présents à certains offices, de faciles dispositions à marcher seuls.

D'un autre côté Saint-Lazare guérit ces mêmes enfants de leurs langueurs maladives. Saint-Mamert est considéré comme tout puissant pour les maladies intestinales; Saint-Vulgis protège les bestiaux et les récoltes et Saint-Antoine est le refuge des pelés et des galeux. Enfin, Sainte-

Séverine n'est jamais implorée en vain. Une prière qui lui est faite à minuit, au pied de la croix de la mission, fait disparaître les maux de dents. Ajoutons que de nombreux rapports avec Port-Royal achevèrent de rendre chère aux habitants, non pas l'observance des pratiques pieuses, mais bien la religion elle-même.

Ces rapports dûment constatés, serviront à prouver que ce milieu différait absolument de celui de Château-Thierry.

On lit dans Sainte-Beuve (1). « Les solitaires quittèrent Port-Royal des Champs, le 14 juillet 1638 (cela s'appelle la première dispersion); ils viennent loger à la Barbe-d'Or, au faubourg Saint-Jacques. »

Lancelot alla loger à La Ferté-Milon, chez M. Vitart, père du petit Vitart et grand-oncle (par alliance) de Racine. Le petit Vitart se trouvait élevé à Port-Royal, parce qu'il était neveu de sœur Suzanne des Moulins, cellerière, grand'tante elle-même du futur poète (Racine).

MM. Lemaître et de Séricourt, amenés par M. Singlin, rejoignirent Lancelot dans cette famille et y continuèrent exactement leur genre de vie, etc.

Durant ce temps, M. Lemaître écrivit une justi-

(1) Port-Royal livre II, page 498, édition Hachette 1878.)

fication de M. de Saint-Cyran et il l'adressa au Cardinal. Pendant l'été de l'année suivante (1639),
après le souper ils allaient tous prendre l'air
sur la montagne qui domine la ville, et là ils
s'entretenaient de bonnes choses, dit Lancelot.
« Il fallait passer un petit bout de la ville pour
sortir; néanmoins, nous ne parlions jamais à personne, et, quand nous revenions vers les neuf
heures, nous allions l'un après l'autre en silence,
disant notre chapelet. Tout le monde qui était aux
portes, comme on est l'été, se levait par respect
pour nous saluer et faisait grand silence pour nous
laisser passer. » Tant la vie et le mérite de ces
Messieurs les remplissaient d'admiration! Enfin,
la bonne odeur qu'ils répandaient en ce lieu y est
encore vivante. « Cette bonne odeur, » dit Sainte-
Beuve, nous la retrouvons vivante, en effet, et par-
fumant un assez beau fruit : « Racine au berceau
va s'en ressentir. »

M. l'abbé Hazard, le meilleur des prêtres, m'a
conté qu'il avait eu toutes les peines du monde à
faire disparaître les derniers vestiges du Jan-
sénisme, à La Ferté-Milon. Les derniers Jansé-
nistes, assure-t-il, sont morts il y a vingt ans à
peine.

Il semble probable que Marie Héricart, cousine
du grand poète qui devait naître en 1639, c'est-à-
dire un an après l'arrivée des solitaires étroite-

ment liés avec la famille Vitart, depuis 1625, dut profiter de leur séjour et recevoir d'eux les leçons que son cousin en reçut plus tard. Elle avait six ans à l'arrivée de Lancelot qui ramenait avec lui le jeune Vitart dont il dirigeait l'éducation. Les Annales de La Ferté-Milon nous apprennent que Lancelot, pendant le séjour qu'il fit dans la petite ville contracta une maladie dont il attribua la cause au mauvais air du bas quartier et qu'il *dut résigner ses fonctions de précepteur*. Pendant ce temps, ce fut de Lemaître que le jeune Vitart reçut ses leçons. Les trois réfugiés quittèrent La Ferté-Milon, au mois d'août 1639, suivis de leur élève. Je ne parlerai pas des conversions opérées par eux et ne ferai que signaler, en passant, la résolution prise par la famille de leurs hôtes, d'aller partager leur tranquille félicité. Agnès de Sainte-Thècle, vingt ans et plus cellerière de Port-Royal, six ans prieure, dix ans abbesse, âgée de douze ans à l'arrivée des solitaires, dut sans doute, elle aussi, suivre leur enseignement en compagnie de Marie Héricart. Ce n'est pas une supposition gratuite, en ce qui concerne cette dernière, si l'on songe à ce Guillaume Héricart, investi des fonctions de conseiller du Roi et assesseur à La Ferté, qui vécut dans de grands sentiments de dévotion et de piété.

Il mourut le 21 décembre 1648. Ce pieux aïeul dut certes continuer l'œuvre de Port-Royal et donner lui aussi à sa petite-fille les leçons que Lancelot et Lemaître avaient si bien commencées.

Gagné d'avance à la cause de Port-Royal, il s'estimait heureux de voir la jeune Marie profiter malgré son âge si tendre encore, de l'excellente méthode inaugurée par les solitaires dans leurs « petites écoles. » Ce fut lui, je n'hésite pas à le dire, qui dut s'opposer énergiquement à l'union de sa petite fille avec le capitaine de dragons, Poignant.

Nous reviendrons un peu plus loin sur ce personnage qui nous paraît avoir essayé de jouer le rôle de Bertrand dans le ménage de Raton, le fabuliste. Il est hors de doute que Marie Héricart avait reçu une éducation soignée. Ce ne fut pas dans un établissement de religieuses puisque tout prouve qu'on n'y recevait que des Dames qui venaient chercher dans la solitude le calme dont elles avaient besoin. On mettait à leur disposition une cellule et un domestique. Ce ne fut pas, vraisemblablement non plus à l'école que nous appelons aujourd'hui communale.

Il y avait pourtant une école de ce genre à La Ferté, puisque les registres de la paroisse Saint-Nicolas mentionnent le décès d'une certaine Geneviève Gautier, institutrice laïque, maîtresse des écoles, morte en 1675 à l'âge de trente-six ans. Elle eut pour successeur, Louise Barbier, morte en 1686 et à celle-ci succéda Jeanne-Françoise

Lhermitte, décédée en 1694. (Papiers manuscrits consultés chez M. l'abbé Hazard).

Les familles de belle et bonne bourgeoisie, nous l'avons vu pour La Fontaine, n'envoyaient pas leurs enfants dans les écoles du village ou de la ville. C'était le collège pour les garçons, c'était le foyer pour les filles.

On confiait, parfois, ces dernières, à un précepteur éprouvé, lorsqu'un membre de la famille ne pouvait pour une cause quelconque se charger de les instruire. Au départ des solitaires, l'aïeul de Marie continue l'éducation de sa petite-fille jusqu'au moment où il fallut songer à lui donner un maître digne de compléter l'œuvre ébauchée par ces illustres et pieux éducateurs. A Paris, se trouvait déjà son frère Louis qui se préparait dans l'étude à prendre la succession du grand-père. Mademoiselle Jannart, leur tante, était une femme très instruite et douée des qualités les plus solides, sinon les plus brillantes. C'est elle qui voulut se charger de l'éducation et de l'instruction de sa nièce. Elle lui fit connaître le monde, la produisit chez Madame Fouquet, cherchant tous les moyens d'aiguiser son esprit et d'affiner son goût.

C'est à cette fréquentation que son élève dut plus tard de se prononcer si délibérément et si délicatement sur la valeur des poésies du jeune Racine, qui, chacun le sait, ajoutait la plus grande impor-

tance aux jugements portés par sa cousine. Dès
l'âge de 14 ans, elle revint à La Ferté, munie de
connaissances variées et déjà faite aux usages du
monde. Elle était de beaucoup supérieure à toutes
les jeunes filles de sa ville natale et les beaux esprits de l'endroit la considéraient comme une merveille. Admirée de tous, adulée, choyée par les
siens, qui voyaient de jour en jour grossir le nombre de ses prétendants, elle était surtout *convoitée*
de son cousin Poignant, de sept ans plus jeune que
La Fontaine et doué d'une intelligence très vive,
mais en *revanche* fortement enclin à l'ivrognerie.
D'un autre côté, la position des Poignant, qui
n'étaient que de simples bourgeois, sans nul autre
mérite, semblait rendre cette union difficile sinon
impossible. Elle n'eut pas lieu, comme on peut
penser, mais Poignant n'oublia pas celle qu'il avait
toujours aimée. Nous le retrouverons à Château-
Thierry où il s'établit quelque temps, faisant de
temps à autre une courte descente à Paris et reve-
nant aussitôt après vers celle qu'il ne pouvait se ré-
soudre à quitter. Pourquoi s'installer ainsi dans une
ville où ne résidait aucun de ses proches parents
et faire son pied-à-terre d'une maison où sa présence pouvait donner prise aux commentaires les
plus malséants? Jannart, d'accord avec la famille
de sa femme, avait engagé les pourparlers et
l'entente fut rapide. C'est en 1658 que M. Médé-

ric Lecomte retrouva le contrat de mariage (1).

Ce document est accompagné d'un reçu autographe donné par La Fontaine, à son beau-père, d'une somme de 2,000 livres sur la dot de sa femme à qui l'aïeul et la mère constituèrent un apport de 30.000 livres.

De son côté, La Fontaine avec la charge de maître particulier des Eaux-et-Forêts de Château-Thierry, apportait une somme de 10,000 livres, dont 5,000 versées immédiatement. On le voit c'était un ménage passablement *accommodé*. Comment se fait-il donc que La Fontaine ait été, dès les premières années de son mariage réduit à la nécessité de se défaire d'une de ses propriétés, celle d'Oulchy-le-Château? (27 août 1653). Propriété vendue à François Desmazures conseiller du Roi. Cette ferme consistait « en maison manable » couverte en tuiles, grange, étables, cour entourée de murs et 60 arpents de terre et prés — et porte l'acte, a promis le dit sieur La Fontaine faire agréer et ratifier l'acte lorsque demoiselle Marie Héricart, sa femme aura l'âge compétent (vingt-cinq ans).

Disons d'abord que notre fabuliste était un élégant. Cela paraîtra surprenant, sans doute; il n'en est pas moins vrai qu'il ne négligeait rien pour avoir une mise en rapport avec sa situation d'hon-

(1) Cette pièce est dans les archives notariales de La Ferté-Milon aux minutes du notaire Thierry, François.

nête homme. Quelque temps avant son mariage, il fut, en plein hiver, aperçu, la nuit, courant à travers les rues désertes, une lanterne sourde à la main, et en bottines blanches, parure vraiment seigneuriale, et des plus recherchées au dire d'Hamilton (1). Il avait le goût des arts et c'était un fin connaisseur qui faisait des acquisitions assez coûteuses. Tout en aimant la campagne, il ne détestait pas la société, le jeu même, bien qu'il s'en défende dans une lettre à Jannart, et faire les yeux doux au luxe de la table (2).

Aussi, voyez avec quel empressement il accepte l'opulente hospitalité de Fouquet qui lui procure les plus charmantes jouissances, sans bourse délier. Ce changement de décor, ce passage si brusque de la vie de province à celle de la cour, donnèrent le vertige à notre poète qui s'habitua, sans trop en souffrir, à vivre loin des siens. Il était si liant, si aimable, que chacun se le disputait. A première vue, Fouquet en fait son poète et lui assure une pension de 1.000 livres payable par quartiers, sur la production d'une pièce de vers (1659). Le poète et son protecteur furent d'une régularité parfaite jusqu'au moment de la fameuse disgrâce survenue en 1661. Ce fut alors un déchirement pour La Fontaine.

(1) Mémoires de Grammont, chapitre iii, tome Ier.
(2) Voir Titon, du Tillet, *Parnasse français*, page 462.

> Remplissez l'air de cris en vos grottes profondes,
> Pleurez, nymphes de Vaux, faites croître vos ondes.

Et pourtant, Dieu sait si le séjour de Vaux était celui de l'innocence et de la vertu !

L'intendant semait l'argent autour de lui ; les femmes les plus revêches, la La Vallière exceptée, cédaient à l'attrait de l'or que faisait luire à leurs yeux la fameuse du Plesssis-Bellière, dont le rôle auprès de Fouquet, était le même que celui du duc de Saint-Aignan, auprès de Louis XIV. Ce milieu séduisant et corrompu *désenchanta* rapidement le pauvre champenois de la simplicité de sa petite ville natale et des mœurs familiales. Son père mort en 1658, lui avait laissé une succession très lourde que les 1.000 livres de pension de l'intendant lui faisaient porter allègrement d'ailleurs.

Fouquet mort, les ennuis commencèrent. Charles de La Fontaine (1), dit M. Walkenaër, devait à son fils Jean, tant en principal qu'en intérêts, une somme de 11,977 livres, à de Maucroix 17,600 livres, aux héritiers Pidoux, 4,067 livres : ses legs pieux, les frais de funérailles, ses donations à ses domestiques, se montèrent à 3,000 livres, de sorte que le passif de la succession fut de 36,644 livres. Notre poète était son seul et unique héritier, attendu que Claude, son autre fils, avait, par acte passé le

____

(1) Histoire de La F. livre I, page 55.

21 janvier 1649, fait donation de tous ses biens à son frère Jean moyennant une rente viagère de 1,100 livres payable seulement après la mort de leur père. Quoique dans cet acte, Claude eût stipulé qu'il faisait à son frère cette donation, tant à cause de l'amitié fraternelle qui existait entre eux qu'à cause de son mariage avec Marie Héricart (aveu précieux à retenir), cependant, à l'époque de l'exécution, il se repentit de l'avoir souscrit, et prétendit qu'il était lésé. Notre poète, ennemi de toute chicane, offrit à son frère de révoquer l'acte qu'ils avaient consenti entre eux, et de l'admettre en partage de la succession de leur père, mais à la charge par lui, d'*acquitter aussi sa part des dettes dont elle était grevée*. Claude aima mieux transiger, et fit avec notre poète un nouvel acte qui confirmait la première donation, au moyen d'une somme de 8,225 livres.

Ainsi le passif de la succession de Charles de La Fontaine se trouva porté par cette nouvelle transaction à 44,869 livres : en défalquant de cette somme, celle de 11,977 due à l'héritier, il restait toujours un total de 32,892 livres, qu'il fallait liquider.

Quoi d'étonnant que La Fontaine ait commencé de vendre une partie de ses biens-fonds, dès l'année 1653. La première vente signalée par M. Walkenaër, date de 1656 : c'était pourtant la deuxième. Après la mort de son frère, notre poète dut contracter des obligations pécuniaires envers sa femme qui demanda la séparation de biens et l'obtint en 1659. Il lui laissa la ferme de la Tuéterie dite fontaine aux Renards.

Le drôle de gérant qu'on avait eu sous la main pour relever une situation pareille! Et dire que malgré tous ces embarras, Jean trouvait moyen de payer quelques dettes de sa belle-mère pour laquelle il ne manquait pas d'affection! (1).

La vente la plus importante date de 1676. Il voulait à tout prix se libérer du côté de sa femme et lui payer ce qu'il lui devait encore...

Il se défait donc de la maison paternelle par acte de vente passé le 2 janvier 1676. Antoine Pintrel et Damoiselle Marie Cousin, son épouse, nouveaux possesseurs de l'immeuble, se payèrent d'abord de ce qui leur était dû. Quant au reste, La Fontaine s'en dessaisit en faveur de sa femme et ne garda rien pour lui.

D'un autre côté, les appointements alloués aux employés des Eaux-et-Forêts, se faisaient long-temps attendre. Nous avons une lettre de La Fontaine à M. Bafoy, intendant des affaires de son altesse M. le duc de Bouillon.

C'est un appel désespéré.

(1) Voir lettre II, à Jannart 23 fév. 1656.

Reims, ce 1er sept. 1666.

« Monsieur,

« Voici le temps de faire nos ventes, venu. Nous
« avons sursis l'exploitation de celles de l'an passé,
« par déférence aux volontés de son altesse, et à
« ce que son conseil avait exigé de nous. Ainsi,
« il y a bientôt deux ans que nous ne touchons
« rien de nos charges. Je m'adresse à vous plutôt
« qu'à pas un autre, sachant très bien que vous
« êtes pour la justice, et vous supplie, en mon nom
« particulier, et au nom de tous les officiers, de
« considérer qu'il n'y en a pas un de nous qui
« puisse attendre ainsi la jouissance de son revenu
« sans une extrême incommodité.

« Je ne crois pas que son altesse veuille que des
« gens qui ont eu assez de respect pour ne se pas
« vouloir servir de leurs arrêts, soient réduits à
« ne pouvoir subsister, ni qu'elle veuille que nous
« soyons plus malheureux que tous les autres
« sujets ».

Voilà, ce me semble, une excuse probante. Cette
situation n'avait rien de gai pour La Fontaine qui,
loin de s'entendre aux affaires, avait besoin de
tables spéciales pour établir les plus simples cal-
culs. Il se plaint à Jannart de n'en pas avoir sous
la main à Château-Thierry. Faut-il s'étonner, après
cela, de voir le bonhomme séjourner le moins

possible dans sa ville natale et gagner prestement au sortir de Paris, sa Cité favorite, Reims, où son ami Maucroix lui faisait bien vite oublier les ennuis de tout genre qui l'assaillaient au foyer conjugal.

C'est immanquablement à ce parfait ami qu'il fait allusion quand il écrit dans la fable *Les deux Amis* :

> Qu'un ami véritable est une douce chose?
> Il cherche vos besoins au fond de votre cœur,
> Il vous épargne la pudeur
> De les lui découvrir vous-même.

La gêne commença donc une désunion que devaient consommer l'inexpérience, l'incompatibilité d'humeur tenant à la différence d'éducation et d'instruction des deux jeunes époux, enfin l'exemple venu d'en haut et donné par le roi lui-même et ses courtisans.

Mais, quoi qu'on en ait dit, il est certain que La Fontaine a aimé sa femme. Je ne m'arrêterai que quelques instants à certaines considérations de second ordre avant d'en venir aux témoignages concluants de cet amour dont on n'a jamais parlé qu'en riant. Si, comme maints critiques l'ont affirmé, La Fontaine songeait au caractère, à la beauté de Marie Héricart dans le VII° conte du livre V, *Belphégor;* s'il est vrai que Madame Honesta l'héroïne du conte, ne soit autre que sa femme, il est encore plus vrai que notre poète se faisait de la beauté des femmes en général, une tout autre idée.

« Dans l'abord » pour nous exprimer comme il le fait lui-même, Jean dut, sans rien objecter, après qu'il eut suivi les conseils de son père et de Jannart, se passionner furieusement pour cette fillette dont chacun ne parlait qu'avec la plus grande admiration! On tenait pour les phénomènes, et il semblait que Jacqueline Pascal fût ici dépassée. Ce fut donc un enchantement que quinze ans de mariage ne purent faire cesser.

L'aisance existait encore; Jannart et Fouquet l'entretenaient au sein du jeune ménage, et quand les deux époux allaient à Paris, l'oncle leur réservait une aile de sa magnifique habitation dans l'enclos du palais. C'est là qu'ils restèrent quelque temps, mais Marie Héricart, bien que déjà faite au séjour de Paris, ne put s'y établir à demeure. A La Ferté-Milon comme à Château-Thierry, elle trônait en souveraine et sa royauté ne dut jamais céder le pas qu'à celle de Marie Mancini, duchesse de Bouillon.

A Paris, où les plus grands esprits, où les talents les plus éprouvés, se donnent rendez-vous, mais où le provincialisme le plus élégant n'a pu, jusqu'ici, trouver pour se produire « qu'un champ très périlleux », notre castrothéodoricienne perdit bientôt les avantages qu'elle avait maintenus intacts, dans le Valois, comme dans la bonne et coquette cité Champenoise.

Elle finit par s'ennuyer mortellement à Paris. Elle connaissait pourtant bien la Capitale, puisque grâce à sa tante, elle y avait passé plusieurs années et il n'est pas douteux que dans la maison de Jannart elle ait fait l'apprentissage indispensable à toute personne rêvant de fonder un bureau d'esprit. Mais elle était bien jeune à cette époque et, en dépit de ses heureuses dispositions, de son esprit critique et de ses connaissances littéraires, elle dut perdre très rapidement en province le fruit de ces premières leçons de bon goût puisées dans ces réunions parisiennes où malgré quelques écarts inévitables, « l'esprit se purifiait. »

De retour à Château-Thierry, nos deux époux, désœuvrés l'un et l'autre, et beaucoup trop jeunes pour se conseiller mutuellement, continuèrent à vivre, La Fontaine surtout, sans nul souci du lendemain. Le mari jouait et ses pertes avaient du retentissement dans La Ferté-Milon.

D'un autre côté, Marie, loin d'être attentive aux soins du ménage, voisinait beaucoup trop et ses conversations, indiscrètes parfois, déplaisaient à La Fontaine.

Grande liseuse de romans, elle était beaucoup trop convaincue qu'il valait mieux être savante en

bons mots qu'en bonne cuisine et que « se claquemurer aux choses du ménage » dénotait un
trop petit esprit.

Un enfant leur naquit en 1653. On lui donna de
suite une nourrice, et l'indifférence de la mère
pour le nouveau-né ne manqua pas d'avoir sur
l'esprit du père une influence désastreuse. Ils se
désintéressaient de plus en plus de leurs affaires
et, tout en s'aimant encore, le séjour de la maison
leur serait devenu insupportable si elle n'eût été le
rendez-vous des beaux esprits de l'endroit.

IV

ENCORE CHATEAU-THIERRY, SON ACADÉMIE. —
ACADÉMIE DE SOISSONS

Château-Thierry était une ville de plaisirs. On
venait de loin pour y jouir en hiver d'une tem-
pérature quasi méditerranéenne et demander à
ses eaux ferrugineuses un rétablissement qu'on
n'obtenait pas toujours ailleurs. La meilleure
société s'y donnait rendez-vous et l'élément aris-
tocratique y dominait à tel point que les eaux
reçurent le nom de « Fleur de Lys ». Gallien,
prétend que ces eaux vont jusqu'à mettre en joie
les animaux qui en boivent. Quoi qu'il en soit de
cette vertu très contestable, de cette influence
problématique, les Castrothéodoriciens ont l'humeur gaie.

Toujours amorcés par le plaisir de se faire
entendre ou de mêler à leurs récits quelque chose
de personnel, sans avoir l'air d'y toucher, leurs
historiettes n'ont jamais rien d'insipide et ils ne
haïssent rien tant que les fadaises. Amoureux

d'une nature sans surprises, d'un soleil « rayant,
clair et beau »; simplement charmés de tout ce qui
n'offusque pas la vue, de ce qui n'éblouit pas, ils
demandent « une lumière qui soulage leurs faibles
yeux ». « Quand les tièdes zéphirs ont l'herbe
rajeunie », qu'un hiver sans rigueur consent volontiers à ramener le printemps comme par la main,
ils accueillent d'un bon sourire le retour de l'hi-
rondelle et du rossignol, ce que Madame de Sévigné
appelle le triomphe du mois de mai. Ils n'entonnent
pas de chant dithyrambique, en cette circonstance,
mais ils éprouvent une satisfaction semblable à
celle d'un dilettante à la vue d'un tableau de Ber-
ghem ou de Téniers.

On serait tenté de croire que des qualités si
pondérées ont été surtout les leurs, à dater de
La Fontaine qui les a possédées plus qu'aucun
d'eux. On dirait même qu'il a donné le ton dans
sa bonne ville et que ses écrits servent de bréviaire
à tout Champenois digne de ce nom.

Il est hors de doute que les beaux esprits de
Château-Thierry se piquent avec raison d'être les
fidèles disciples du Fabuliste et que tout dans leurs
écrits sent « le cousinage » du peintre le plus vrai
de la nature. Lisez un récit tombé de leur plume.
Vous serez frappé de la présence de deux sentiments opposés : la tristesse et la joie. C'est la
monotonie qui tue; l'uniformité qui fait naître

l'ennui. Voilà le défaut que les compatriotes de La Fontaine extirpent de toute composition. J'ai sous les yeux une histoire inédite de Château-Thierry. Je l'ai parcourue d'un bout à l'autre et quelques uns des récits dont elle est émaillée viendront à l'appui de mon assertion.

Prenons, par exemple, la description d'une inondation qui fut pour la contrée tout entière une cause de ruine (1795). « La rivière avait été gelée « profondément ; la débâcle fut terrible et causa « les plus grands dommages. Le lecteur me per- « mettra-t-il, à ce sujet, de parler d'un fait qui fit « bien rire les spectateurs?

« On vit passer sur un glaçon, au milieu de la « rivière deux gros rats qui paraissaient fort em- « barrassés de se voir sur un plancher si mobile, « si à découvert, si dénué de provisions de bouche « et sans trou pour s'échapper! »

— Voilà le ton.

Parlant d'un orage épouvantable qui jeta la consternation dans les environs de Château-Thierry, l'auteur, après nous avoir montré la population affolée, termine son récit d'une manière tout-à-fait inattendue. « Le tonnerre éteignit un « cierge qu'on avait allumé devant une petite « Vierge qui était dans une espèce de niche pra- « tiquée dans la muraille. Il noircit la figure de « cette petite statue et lui fit tourner le visage vers

« le fond de sa niche et le dos aux assistants. Après
« s'être ainsi joué dans cette maison, il en sortit,
« s'éleva et disparut ».

Enfin, à propos de la mauvaise année 1743 qui,
dit-il, vit la mortalité prendre des proportions
inquiétantes et dépasser de beaucoup les nais-
sances, il ajoute : « Il n'aurait pas fallu pour répa-
« rer amplement cette perte, beaucoup de ménages
« comme celui d'un chapelier de cette ville nommé
« Delahaye. Cet homme, très respecté pour ses
« sentiments religieux, la bonne union qui régnait
« dans son ménage et la bonne éducation qu'il
« donnait à ses enfants, eut en l'année 1744, son
« vingtième enfant de la même femme. Le nou-
« veau-né reçut le nom de *Vingtini.* »

— Tout serait à citer. La Fontaine procède-t-il
autrement dans ses fables ? Chez lui, les larmes
avoisinent le rire : *amara lento temperat risu.* Le
Meunier son Fils et l'Ane, le Savetier et le Finan-
cier, le Curé et le Mort, l'Éléphant et le Singe de
Jupiter, la Mort et le Mourant, pour nous borner à
ces quelques chefs-d'œuvre, expriment, à n'en pas
douter, deux sentiments absolument contraires qui
se font valoir l'un par l'autre ; et si tel passage
nous amuse par le ton badin, enjoué, que prend le
Fabuliste, tel autre nous fait vite rentrer en nous-
mêmes et recouvrer immédiatement notre sérieux.

On ne s'ennuyait pas à Château-Thierry. La

jeunesse y multipliait les occasions de se distraire et nul ne songeait à la contrarier dans ses jeux favoris. Lorsque les arbres de la promenade dite « des Petits-Prés »furent plantés en 1751, on ne manqua pas de prendre l'avis des jeunes filles de la ville. Elles étaient, en effet, autorisées traditionnellement à regarder les Petits-Prés comme leur appartenant. Elles ne s'opposèrent donc pas à ce qu'on plantât ces arbres, mais ce fut à condition qu'on laisserait à la jeunesse assez d'espace pour danser.

Cette gaïté communicative, cette tendance au rire, ce besoin de mêler à l'existence quelques grains de folie avait gagné les communautés religieuses.

L'abbaye de la Barre (située sur la paroisse Saint-Martin) était connue pour les « joyeulsetés » de ses religieuses. En dessous du jardin de la dite abbaye, un petit bâtiment portait le nom de (La folie l'abbé), parce que dit-on un abbé de Val-Secret, n'osant se rendre auprès de l'abbesse de la Barre aussi souvent qu'ils l'auraient voulu l'un et l'autre, le fit bâtir pour qu'ils pussent, du moins de loin (ajoute l'abbé Hébert), se voir plus fréquemment.

La tradition rapporte que La Fontaine composa son fameux conte (Les Lunettes) sur une anecdote arrivée dans ce couvent.

Une religieuse, Mme Bussette, qu'on ne surveillait pas assez pour ses relations extérieures et souvent nocturnes, fit à cette maison un tort immense et contribua pour une bonne part à sa ruine, survenue en 1745.

Nous pourrions parler des farces de tout genre malicieusement enregistrées par les jeunes gens et représentées sur la scène, par ces Aristophanes en herbe.

Une piécette de La Fontaine, *Les Rieurs du beau Richard*, jouée par lui et ses amis en 1659, nous fait très suffisamment connaître le genre cultivé par ces enragés qui trouvaient pour les applaudir des auditeurs aussi nombreux que ravis.

Ils n'y allaient pas *de main-morte*, les jeunes Castrothéodoriciens. On les voyait chansonner impitoyablement toutes les aventures joyeuses dont la ville était le théâtre. On cite celle d'un marchand qui ayant vendu à crédit un demi-muid de blé à un savetier, avait accepté en payement un billet à terme. Le jour de l'échéance, il devint pressant tout en cherchant à courtiser la femme de son débiteur. Averti par elle, notre gaillard savetier conseille à sa moitié d'accorder le rendez-vous qu'on lui demande et de tout permettre contre la remise immédiate du billet, mais de tousser très fort au moment critique. Ainsi fut fait. Au premier signal d'alarme, le mari sort de sa ca-

chette, tombe sur le galant surpris par cette brusque apparition et se fait remettre, séance tenante,
le fameux titre dont il n'eut plus à s'inquiéter, désormais. Le stratagème défraya longtemps les
conversations de la petite ville et « le récit en farce
fut fait » par La Fontaine lui-même. Les acteurs
furent : 1° l'auteur, qui récita le prologue; 2° de
Bressay, cousin du Fabuliste; 3° un certain de la
Barre et 4° un M. Fournier chargé du rôle d'un
âne.

Le prologue est instructif :

> Le beau Richard tient ses grands jours,
> Et va rétablir son empire,
> L'année est fertile en bons tours :
> Jeunes gens, apprenez à rire.
> — Tout devient risible ici-bas,
> Ce n'est que farce et comédie, etc.
> Qui ne rirait des précieux?
> Qui ne rirait de ces coquettes.
> En qui tout est mystérieux
> Et qui font tant les guillemettes?

Il y avait, en effet, des précieux et des précieuses
à Château-Thierry. Marie Héricart tenait bureau
d'esprit et réunissait chez elle tout ce qu'il y avait
de vrais et de prétendus savants dans la ville. C'est
à Château-Thierry, dans un déjeuner dit littéraire
que Boileau rencontra dans un de ses voyages an-
nuels le type inoubliable « qui trouve le Corneille
Joli quelquefois. » (Repas ridicule).

Dans une de ses lettres à La Fontaine, Racine dit à son ami : « Renvoyez-moi cette bagatelle des Bains de Vénus, » et me mandez ce qu'en pense votre académie de Château-Thierry, surtout Mademoiselle de La Fontaine. C'était (1) une éplucheuse de « Malherbe » (2) et chacun tirait profit de ce sarclage grammatical. Jean faisait souvent la sourde oreille et n'avait cure de toutes ces gourmades féminines qu'il prenait rarement au sérieux. Ce qui le touchait le plus dans ces réunions, c'était la présence de la duchesse de Bouillon, pendant la durée de son exil à Château-Thierry, et de quelques autres dames dont chaque désir est un ordre pour notre poète. Lui qui n'aime pas à recommander les gens, écrit à son oncle Jannart, le 25 février 1658 : (Livre V) « Par celle-ci vous trouverez bon que je « fasse le solliciteur, et vous recommande une af- « faire où Madame de Pont-de-Bourg a intérêt. Je « n'ai pas l'honneur d'être connu d'elle, mais je « suis prié de vous en écrire de si bonne part, qu'il « a fallu, malgré moi, vous être importun, si c'est « vous être importun que de vous solliciter pour « une dame de qualité qui a une parfaitement belle « fille. J'ai vu le temps que vous vous laissiez tou- « cher à ces choses, et ce temps n'est pas éloigné : « C'est pourquoi j'espère que vous interpréterez les

(1) Comme Mademoiselle de Gournay.
(2) Male herbe.

« lois en faveur de Madame du Pont-de-Bourg. Vous
« en aurez des remerciments de l'Académie ; mais
« je les compte pour rien, en comparaison de ceux
« que vous fera cette belle fille dont la beauté doit
« être fort éloquente, de la façon qu'on me l'a dé-
« peinte. » Cette académie dont La Fontaine faisait,
en somme, toute la célébrité, *non obstant* le mérite réel de sa sœur et de sa femme, s'occupait des
nouveautés littéraires : Chaque membre était aux
aguets et quand paraissait un ouvrage dont on
avait, quelque temps auparavant, annoncé la publi-
cation, il était enlevé.

La Fontaine qui lisait à merveille, faisait connaître le livre, déclamait les principaux passages et
les commentait. Marie Héricart faisait ses réserves.
On l'écoutait toujours avec plaisir, car elle connaissait à fond le langage des ruelles. La lettre que La
Fontaine lui écrivit de Limoges le 12 septembre 1663 (lettre V) est instructive à ce sujet. Il lui
disait du Château de Richelieu : « Aux deux côtés
« du frontispice on a élevé en manière de statues,
« de pyramides, si vous voulez, deux colonnes du
« corps desquelles sortent des bouts de navires.
« Bout de navires ne vous plaira guère, et peut-
« être aimeriez-vous mieux le terme de pointes ou
« de becs : choisissez le moins mauvais de ces trois
« mots-là ; je doute que pas un soit propre, mais
« j'aime autant m'en servir que d'appeler cela co-

« lonnes rostrales. » Un peu plus loin, il lui dit :
« Dans le même lieu où on l'a mise, (une table
« sculptée), sont quatre ou cinq bustes et quelques
« statues ; parmi lesquelles on me nomma Tibère
« et Livie ; ce sont personnes que vous connaissez,
« et dont M. de la Calprenède vous entretient quel-
« quefois. »

Tout le monde connaît aussi la première lettre à
la même, datée de Clamart, le 23 août 1663 : « Il n'y
« a que les romans qui vous divertissent. Vous
« avez lu tant de fois les vieux, que vous les savez ;
« il s'en fait peu de nouveaux, et, parmi ce peu,
« tous ne sont pas bons ; ainsi vous demeurerez
« souvent à sec. Considérez, je vous prie, l'utilité
« que ce vous serait, si en badinant je vous avais
« accoutumée à l'histoire, soit des lieux, soit des
« personnes : vous auriez de quoi vous désen-
« nuyer toute votre vie, pourvu que ce soit sans
« intention de rien retenir, moins encore de rien
« citer. Ce n'est pas une bonne qualité pour une
« femme d'être savante, et c'en est une très mau-
« vaise d'affecter de paraître telle. »

Voilà trois défauts signalés sans ambages par La
Fontaine et très franchement reprochés *à qui de
droit*. Ces deux esprits, on ne saurait trop le redire,
étaient faits pour se combattre. Ce qu'il fallait à
Marie Héricart, c'était le genre guindé, le faux-
brillant dont « l'éclatante folie » ne manquait jamais

de l'éblouir. Les détails prolixes, noyés dans des flots de paroles ondulées flattaient délicieusement son oreille formée dès l'enfance à l'harmonie musicale du style précieux, tandis que les simples et rapides esquisses du Fabuliste ne pouvaient trouver grâce auprès d'elle.

Les beautés naturelles du genre ancien la laissaient froide.

Prés et bois ne faisaient point ses délices, et le soleil, les eaux, la verdure, n'offraient à ses yeux que de vulgaires attraits : Le Lignon coulait trop loin de là.

Or, la manière de La Fontaine était antique. Il ne cherche pas, en effet, dans ses descriptions, le nouveau, le rare, l'extraordinaire. Il ne note pas avec l'exactitude minutieuse des faiseurs de romans, les couleurs, les formes et jusqu'aux moindres saillies des objets. Pour sentir la nature comme il la sentait lui-même, il suffit d'avoir de l'âme et d'ouvrir les yeux. Aussi ses courtes descriptions ne sont que ce qu'elles doivent être, le cadre du récit.

Voyez comme il se débarrasse peu à peu de ses premières erreurs.

Une ode ampoulée de Malherbe, majestueusement déclamée devant l'Académie de Château-Thierry, par un officier de passage dans cette ville, l'exalte au point de dérober à ses yeux

éblouis la saine beauté d'Horace et de Virgile.
Cela dure un an ou deux, puis il revient à ses
moutons :

> Doux trésor, ce dit-il, chers gages, qui jamais
> N'attirâtes sur vous l'envie et le mensonge,
> Je vous reprends : Sortons de ces riches palais
> Comme l'on sortirait d'un songe.

(Livre X fable X). Ces palais que La Fontaine
quitta de si bonne heure furent toujours habités par
sa femme qui préférait balustres, festons, astra-
gales, à l'architecture sans ornement, c'est-à-dire
le brillant au solide proprement dit. C'était pourtant une femme d'esprit, mais ses jugements étaient
rendus sans appel et chacun s'y soumettait sans
mot dire, excepté notre Fabuliste qui ne se gênait
pas pour s'exprimer rondement sur toutes les
questions en litige. Racine ajoutait, au contraire,
une grande importance à ses critiques et goûtait
fort ses corrections souvent impitoyables comme
il l'avoue.

Chapelle et Bachaumont dans leur fameux
« voyage » qu'on pourrait rapprocher de celui que
La Fontaine fit en Limousin, ont amusé bien des
lecteurs par le récit en termes vifs et piquants
d'une réunion de pecques provinciales à Montpellier.

> Les unes disaient que Ménage
> Avait l'air et l'esprit galant.......

Chapelain, riche et toujours bien mis
Scudéry prudent et sage. . . . . .
Sa sœur une beauté divine,
Et Pélisson un Adonis.

Or, les précieuses de Montpellier, semblent dans ces divers traits, prendre le contre-pied de la réalité. Ainsi, Ménage avait la réputation d'un pédant gourmé, le poète Chapelain, celle d'un homme très calme et très rangé. Scudéry et sa sœur manquaient de beauté presque autant que Pélisson, de qui Madame de Sévigné disait qu'il abusait de la permission qu'ont les hommes d'être laids.

Disons tout de suite que l'Académie de Château-Thierry ne ressemblait en rien à celle-là.

Le voisinage de Paris ne permettait pas les hérésies de ce genre et Soissons avait une Académie qui s'était arrogé le beau titre de fille aînée de l'Académie française. Les Castrothéodoriciens n'osaient prétendre à pareil titre, mais cela ne les empêcha pas de marcher sur les traces de la ville épiscopale dont ils relevaient et d'essayer de faire grand, eux aussi.

Les Soissonnais avaient un avantage. Des lettres patentes datées du camp de Dôle (1674) et enregistrées au parlement le 27 juin 1675 leur avaient été données par Louis XIV. L'emblème de cette Académie était un aigle prenant son vol vers le soleil

et suivi d'un aiglon, avec cette devise : *Maternis
ausibus audax*

Registre de l'Académie.

20 août 1674.

« Lettre d'érection d'une Académie dans la ville
« de Soissons.

« Louis par la grâce de Dieu roy de France et
« de Navarre, à tous présens et avenir Salut.

« Les soins et l'application que nous sommes
« obligez de donner à la guerre, en attendant qu'il
« plaise à Dieu de nous donner la paix, ne nous
« empêchant pas de donner une partie de nos soins
« à faire fleurir les lettres et les arts dans notre
« royaume, nous avons bien reçu les supplications
« qui nous ont été faites par diverses personnes
« studieuses de notre ville de Soissons qui, par
« une louable émulation de l'Académie française,
« instituée en notre bonne ville de Paris par le feu
« roy notre très honoré seigneur et père de glo-
« rieuse mémoire, et dont nous avons bien voulu
« nous déclarer le protecteur, nous ont requis
« d'approuver et authoriser les assemblées qu'ils
« font depuis quelques années pour conférer de
« lectures et de leurs estudes et s'avancer ainsi
« dans la connaissance des belles lettres. A ces
« causes ayant regard à l'utilité que nos sujets

« peuvent recevoir des dites conférences, et dési-
« rant traiter favorablement ceux de notre ville
« de Soissons, nous avons de notre grâce spéciale,
« pleine puissance et autorité royale, permis,
« approuvé et authorisé, permettons, approuvons
« et authorisons par ces présentes signées de
« nostre main les dictes assemblées et confé-
« rences, voulons qu'elles continuent désormais
« dans notre dicte ville sous le nom de l'Académie
« de Soissons, que le nombre en soit limité à vingt
« personnes ; à condition que ceux qui composeront
« la dicte Académie envoyeront tous les ans, à
« l'Académie française au jour et feste de Saint-
« Louis, quelque ouvrage de leur composition en
« prose ou en vers sur tel sujet utile et honneste
« que bon leur semblera. Et d'autant que pour la
« conduite et pour la gloire mesme de cette Aca-
« démie, il est besoin qu'elle ait pour protecteur
« une personne relevée en dignité et en mérite,
« nous avons nommé et nommons par les dictes
« présentes, pour protecteur de la dicte Académie
« de Soissons, nostre cousin le cardinal d'*Estrés*,
« duc et pair de France, l'un des quarante de
« l'Académie française. Voulons qu'à l'advenir,
« quand il y escherra il soit permis ausdits acadé-
« miciens d'en choisir et eslire tel autre que bon
« leur semblera, pourvu toutefois qu'il soit de
« l'Académie française, comme aussy leur donnons

« pouvoir de faire les statuts et règlements néces-
« saires pour la police et l'ordre de la dicte Aca-
« démie, et d'avoir un sceau avec telle marque et
« inscription qu'ils voudront choisir pour sceller
« les actes de la dicte Compagnie ; si donnons en
« mandement à nos amez et féaux conseillers les
« gens tenant nostre cour de Parlement et à tous
« autres nos officiers qu'il appartiendra que les
« présentes ils ayent à faire registrer et icelles
« garder et observer selon leur forme et teneur,
« car tel est nostre plaisir. Et afin que ce soit
« chose ferme et stable à toujours, nous avons fait
« mettre nostre scel à ces dictes présentes. Donné
« au camp de Dole au mois de juin l'an de grâce
« mil six cent soixante-quatorze et de nostre règne
« le trente-deuxième,

« Signé : LOUIS.

« et sur le reply, par le roy, Colbert, et à costé,

« Visa : DALIGRE.

« pour l'établissement d'une académie des sciences
« à Soissons.

« Signé : COLBERT.

« et scellé en plaquart de cire verte.

« MÉZERAY en l'absence de M. CONRARD. »

« Le texte original des lettres-patentes se trouve

sur le registre des délibérations de l'Académie française, de 1672 à 1680, page 63, 64. Le même jour, est-il dit sur le registre (20 août 1674). M. Perrault a fait son rapport qu'il avait plu au roy, pour illustrer de plus en plus la langue française et la rendre plus noble et plus polie, ériger une Académie dans la ville de Soissons, à condition qu'elle prendrait un protecteur dans l'Académie française, ainsi qu'on le voit par la teneur des lettres-patentes. A la page 67 du même registre, on lit : le lundi 20 mai (1675), la Compagnie assemblée au nombre de dix-neuf, M. Segrais lui a dit que les députés de l'Académie nouvellement érigée à Soissons par lettre du roy, avec quelque dépendance de l'Académie française, devaient venir à Paris cette semaine pour lui rendre leurs devoirs : à cause de quoy il a prié Messieurs d'adviser à la manière de laquelle il faudrait les recevoir.

« Les suffrages recueillis, on a résolu que les députés seront reçus dans la première salle, par deux de ces Messieurs, et reconduits de mesmes jusqu'à la dernière porte de la première salle; prendront leur place au bout de la table comme les récipiendaires et qu'ils auront part à la distribution des jetons pour cette fois seulement sans tirer à conséquence.

« On lit encore (registre de l'Académie française page 76-77, année 1675.

« M. l'abbé Tallemant le jeune, ayant dit que Messieurs de l'Académie ne Soissons luy ont envoyé une pièce de prose pour la présenter à l'Académie française afin de satisfaire à l'obligation portée par les lettres-patentes de leur établissement, M. le directeur l'a prié d'en faire la lecture, c'est la harangue que M. Bertemer, l'un de cette Compagnie là, advocat du roy au présidial de Soissons, avait faite en ce siège là pour y demander l'enregistrement des lettres de leur Académie. La pièce contient trois points : l'éloge des Belles-lettres avec leur utilité et leur nécessité, les louanges du Roy qui en est le protecteur et le rémunérateur, et celles de l'Académie française relativement à celles de Sa Majesté.

« Cette lecture faite, la Compagnie s'est levée, et le sieur de Mézeray a fait la distribution ».

« Registre des délibérations (page 101).

« Ce jour de Saint-Louis 1676, Messieurs les députés de l'Académie de Soissons, au nombre de quatre, dont le chef estait un M. Hébert, qui sortait depuis quelques mois de la charge de cette ville là... ont été introduits dans la Compagnie par M. l'abbé Tallemant le jeune, qui est alle au-devant d'eux jusqu'à la porte de la seconde salle. Ils ont pris séance au costé devant la porte, où ils ont assisté au travail du dictionnaire, et M. Hébert, a lu une pièce de prose qui est un discours qu'il avait fait à celuy qui luy a succédé, dans la mairie de Soissons, sur les devoirs et obligations de sa charge. Après cela, M..... a lu une pastorale de sa façon, dont les vers ont paru fort tendres et l'intention bien ingénieuse. Tous quatre ont participé à la distribution des jetons, et ont esté reconduits fort civilement jusqu'à la dernière porte de la seconde salle, par M. l'abbé Tallemant et un autre de Messieurs.

« *Signé :* MÉZERAY. »

« 25 août 1679.

« On a donné place, selon la coustume, aux députés de l'Académie de Soissons dans cette assemblée, où ils ont eu la satisfaction d'entendre lire par un de Messieurs les deux pièces, l'une de prose, l'autre de vers, que leur Compagnie est obligée d'envoyer tous les ans à l'Académie française. L'assemblée finie, ils ont eu part à la distribution des jetons, qui est une honnêteté en leur endroit et non pas une chose due ».

« du 26 août 1683.

« On a fait lecture des deux pièces de prose
« envoyées pour Messieurs de l'Académie de Sois-
« sons, dont l'une est composée au sujet d'une
« lettre par laquelle M. Colbert recommande à
« l'intendant de Soissons d'exciter les gens de

« Lettres de son département à travailler à la gloire
« du roy; et l'autre est un discours prononcé dans
« l'Académie de Soissons, sur la mort de la reine.
« Et d'autant que cette Académie, dans la lettre
« qui les accompagne, presse instammant la Com-
« pagnie de vouloir bien lui donner ses avis sur
« ces deux pièces, on a résolu de lui accorder cette
« satisfaction, quoique jusqu'icy la Compagnie eût
« résisté à de semblables prières par esprit de
« retenue. Pour cet effet, et affin que cependant
« le travail du dictionnaire ne fût point interrompu,
« on a chargé M. Perrault et M. l'abbé de Dangean
« d'examiner ces deux pièces et d'y faire leurs
« remarques. Et en même temps ces deux discours
« ont été réunis entre les mains de M. Perrault.
« l'un des deux commissaires. »

                    « du 26 août 1690.

« Ce jour M. Bocquillon, académicien de Sois-
« sons, ayant esté introduit dans la compagnie
« assemblée au premier bureau, et ayant pris
« place vis-à-vis de M. le Directeur, il a présenté
« une lettre de Messieurs de l'Académie de Sois-
« sons avec un sonnet.
« La lettre et le sonnet ont esté lus par Monsieur
« le secrétaire, après quoy la Compagnie s'étant
« séparée en deux bureaux, M. Bocquillon est de-
« meuré au premier et a eu part au travail de

« Compagnie et à la distribution des jetons. »

Le 26 août 1691, M. l'abbé Régnier secrétaire, lit à la Compagnie une lettre de Messieurs de l'Académie de Soissons.

En voici la teneur :

« Messieurs,

« Comme nous reconnaissons depuis quelque temps à plusieurs marques que vous ne recevez plus nos pièces avec le même agrément qu'autrefois, nous craignons de vous être à charge, lorsque nous vous en envoyons des nouvelles. Celle d'aujourd'hui Messieurs, pourra-t-elle avoir un meilleur sort que les dernières, à moins que vous ne repreniez les sentiments d'estime et d'amour dont vous honoriez nostre Compagnie dans les premières années de son adoption. De grâce, reprenez les sentiments si propres à nous encourager ; surmontez la répugnance que vous paraissez avoir à nous donner des remarques, et faites nous la justice de croire que nous sommes avec une soumission parfaite, Messieurs, vos très humbles et très obéissants serviteurs. »

Réponse à la lettre des Messieurs de l'Académie de Soissons.

« Messieurs,

« Nous avons reçu vostre lettre du 22e aoûst

avec l'ouvrage en prose que vous avez envoyé par Monsieur Bocquillon. . . . .

« On n'est pas d'avis de répondre aux plaintes que vous faites, nous ne nous sommes point aperçeüs d'avoir changé de sentiments à vostre égard, aussi conservons-nous toujours pour vostre Compagnie la mesme estime, et cette mesme affection que vous dites qui vous est chère. Vous le connaistrez dans toutes les occasions qui s'en présenteront, et à quel point nous sommes sensibles aux démonstrations d'amitié que nous recevons de vostre part, et à la déférence que vous avez pour nous qui sommes très sincèrement. Messieurs, vos très humbles et obéissants serviteurs,

« de LAVAU, secrétaire,
« en l'absence de M. l'abbé RÉGNIER.

« Paris, le 26 aoûst 1692.

Durant quelques années il y eut interruption dans les envois d'ouvrages. Une allocution faite par M. le Directeur de l'Académie française en 1704, explique cette lacune.

« Messieurs,

« M. l'abbé Bosquillon, si connu par ses ouvrages et l'un des principaux membres de l'Académie de Soissons, vous va faire lecture d'une pièce d'éloquence. Vous savez, Messieurs, que l'Académie de

Soissons, par les lettres-patentes de son établissement, est obligée à ne prendre jamais de protecteur que dans l'Académie française et à nous envoyer tous les ans un ouvrage de sa façon. Nous espérons que M. le cardinal d'Estrées, son protecteur et notre doyen, leur épargnera encore longtemps la peine de réparer la perte commune que nous ferions en le perdant. Quant à la pièce d'éloquence, elle a manqué depuis plusieurs années ; la guerre, les affaires particulières, la mort de quelques académiciens zélés avaient interrompu une coutume qui est pourtant un devoir. Ces Messieurs y ont pensé sérieusement, et sans doute que le digne et éloquent prélat, qui leur apprend leurs obligations chrétiennes, n'a pas oublié les académiques.

« Ils nous ont envoyé, cette année, la pièce dont M. l'abbé Bosquillon va vous faire la lecture. »

« Cette pièce a pour titre :

« Discours à la louange du roy, prononcé par M. le Picard, dans l'Académie de Soissons, à l'occasion de la naissance de Monseigneur le duc de Bretagne. »

Tous les ans à la fête de Saint-Louis, on lisait un discours en prose et une poésie présentés par les délégués de l'Académie de Soissons. Cela dure jusqu'en 1750. Il serait oiseux et superflu de donner la liste des prix remportés. Il suffira d'indiquer quelques uns des sujets donnés.

Etat des anciens habitants du pays Soissonnais avant la conquête des Gaules par les Francs.

De quelles villes était composé le royaume de Soissons sous Chilpéric ?

Fixer la chronologie des Rois mérovingiens, depuis la mort de Dagobert Ier jusqu'au sacre de Pépin.

L'inutilité de la dispute pour ramener les hommes à l'unité d'opinion.

Un auteur doit-il toujours se conformer au goût du siècle dans lequel il écrit ?

Quelle a été la suite des évêques de Soissons depuis le commencement du ve siècle jusqu'à l'an 754, depuis l'établissement de la religion dans le Soissonnais, jusqu'à la fin de la première race de nos rois.

Quelles peuvent être, dans tous les temps, les causes de la décadence du goût dans les sciences et dans les arts ?

Clovis eut-il une résidence fixe à Soissons ?

Eut-il sur la partie des Gaules qu'il avait conquise une autorité aussi indépendante des Romains qu'il l'avait sur les Francs ?

Les Francs étaient-ils exempts de toute imposition ?

Clovis en levait-il sur les Gaulois ?

Avons-nous des médailles de Clovis et de ses prédécesseurs rois Francs ?

Quelles étaient leurs monnaies ?

Les anciens Soissonnais en *avaient-ils de parti-culières?* (1).

On écrivait beaucoup moins à Château-Thierry. Les questions y avaient *moins d'enrergure* mais on n'y perdait pas toujours son temps. Je suis même tenté de croire que, bien malgré lui, La Fontaine finit par subir dans ces réunions l'influence de sa femme. Certaines locutions qui dans ses premiers écrits sentaient le terroir d'une lieue sont remplacées par d'autres moins provinciales et il se pourrait que l'honneur en revînt à Marie Héricart.

Une étude même sommaire de quelques expressions dont les fables et les contes abondent nous fournira la preuve authentique de l'active intervention de l'Arthénice Champenoise dans les nombreuses corrections que permettent de relever les éditions successives des deux œuvres capitales du Fabuliste.

Et pourtant, son style n'a jamais rien de précieux. Ses expressions même gardent, malgré tout, avant comme après, un parfum champenois des plus exquis. Les précieuses avaient horreur du mot propre. Or, La Fontaine pour fuir les circonlocutions, fabrique toujours un mot plein d'à-propos

---

(1) **J'ai choisi les sujets les plus intéressants.**

et de hardiesse quand il n'en existe pas pour donner aux objets, non pas seulement une dénomination, mais encore une réalité pittoresque :

Le Pondeur, l'Écornifleur, (déjà dans Montaigne). Il va même jusqu'à faire au dictionnaire de Château-Thierry des emprunts qu'une mijaurée comme Marie Héricart devait traiter d'horribles : *Reginglette, terre couverte*, (pour ensemencée,) *penaille, sans pacte ni demi*, (langage du petit peuple, d'après le dictionnaire satirique de Leroux, (1).

Quel sans gêne avec la grammaire et les règles de la formation du féminin ! On trouve dans la même fable :

Devine, Devineuse, Devineresse.

Quelques rates dit-on, répandirent des larmes (2).

Les expressions champenoises semblent venir d'elles-mêmes au bout de sa plume : (L'Aigle et l'Escarbot) *Fait faire aux œufs le saut, qu'il fit son paquet*, (La Mort et le Mourant) ; Le *Coi de la nuit* (Le cas de conscience), *coucher gros*, (Le tableau). Lisez le prologue du beau Richard : « le galant vient *frisque et de hait*. »

La première de ces deux expressions ne se trouve nulle part. On rencontre la seconde, dans

(1) Tome I, page 362).
(2) Fable 25, livre XII.

le vieux français, et dans le dictionnaire de Nicot 1661, mais elle ne figure plus dans celui de Richelet en 1680.

Dans la même pièce (3ᵉ entrée) on lit : *Mine ou maine* dans muid. Expression usitée en Champagne et dans le Valois. La mine valait 2 bichets et le muid se composait de 48 bichets (1).

Sur la prononciation de maine pour mine il existe à La Ferté-Milon, un proverbe encore dans toute sa fraîcheur : Arnould daine.

En voici l'origine :

Le prince de Condé, (père du grand Condé) sous la mine d'un campagnard, se présente chez messire Arnoult, tabellion, et demande le notaire. La bonne femme qui vient lui ouvrir, lui répondit : Messire Arnoult n'est point céans. Le visiteur insiste : Messire Arnoult est à son dainer, lui réplique-t-on, et quand Arnoult daine on ne lui parle point.

A bout d'arguments, notre solliciteur se retire et revient une heure après.

Les rapports d'affaires s'engagent et le notaire voulant procéder par ordre : D'abord, dit-il, quel nom avez ?

Notez bien, reprit celui-ci, avec une lenteur calculée : Comte de Soissons, seigneur de Mu-

---

(1) Maine dans muid, signifiait donc 50 bichets au lieu de 48.

ret, etc..., ajoutez : Charles de Bourbon, prince de Condé.

Le vieux tabellion ouvre de grands yeux, reste d'abord comme foudroyé, puis se jette aux pieds du prince. Cela n'est rien, lui dit l'illustre personnage; êtes grandement pardonné, car ai comprins que faut bien qu'Arnoult daine.

Parmi les locutions empruntées par La Fontaine au dictionnaire de Château-Thierry et corrigées très probablement ensuite sur les conseils de Marie Héricart, on peut citer la suivante, tirée de la fable « Le Coche et la Mouche » édition de 1671. *Fait à fait* que le char chemine, etc... pour : à mesure que, etc... Cette locution est encore en usage à Château-Thierry et dans les environs.

La lettre V (lettres de La Fontaine à sa femme), renferme une expression qu'on ne trouve dans aucun dictionnaire de l'époque. « Je voudrais pour comble de Nivelerie, qu'un autre entreprît de compter les pièces qui la composent, mais ne passerais-je pas moi-même, pour un Nivelier, etc. »

On trouve dans le dictionnaire de l'Académie française première édition : Nivelleux dans le sens de vétilleux..... Nivelier appartient au vocabulaire de Château-Thierry.

Les citations de ce genre seraient faciles. Qu'il suffise d'en signaler quelques-unes en renvoyant le lecteur aux 6 derniers livres des fables. Là,

presque plus d'expressions locales. Je ne ferai pas
au Bonhomme l'injure de penser que sa collabora-
tion avec la Champmeslé ait contribué pour beaucoup à « dépaysaniser » son langage. La Coupe
enchantée, (il est vrai que c'est une comédie), n'a
rien de bien relevé comme style bien qu'elle nous
ravisse et soit proprement un charme. Voyez,
par contre, la captivité de Saint Malc, la traduction
de l'Eunuque, le Quinquina, autant de sujets lus
certainement devant la docte Académie de Château-
Thierry ; l'écriture du poète comme on nous oblige
à dire maintenant y est d'une touche et d'une délicatesse infinies.

Pourtant, il me semble, que la Champmeslé, fine
mouche s'il en fut, devait exercer sur La Fontaine
une influence irrésistible. « Que vous aviez raison,
Mademoiselle, de dire qu'ennui galoperait avec moi,
devant que j'aie perdu de vue les clochers du
grand grand village (Paris).

« C'est chose si vraie, que je suis présentement
d'une mélancolie qui ne pourra, je le sens, se dis-
siper qu'à mon retour à Paris.

> A guérir un atrabilaire,
> Oui, Champmeslé saura mieux faire,
> Que de Fagon tout le talent, etc.

« C'est chose de dégoût que compte, vente, arré-
« rages ; *parler votre langage* est mieux mon fait. »
Voilà le mot lâché, parler votre langage. Il est

certain qu'à partir de 1675, les réunions académiques devinrent de plus en plus rares à Château-
Thierry. La Fontaine faussait trop souvent compagnie pour se rendre au grand village où l'attendaient
bon souper bon gîte et le reste. Mais Champmeslé
ne parlait pas toujours le langage des dieux.

Seulement elle avait de l'esprit comme quatre,
une verve intarissable, un babil moëlleux et ca-
ressant. C'était évidemment de « bien doux rets »
et plus d'un s'y laissait prendre, témoin Racine et
plus d'un million, dirait le vieux Marot.

Il serait intéressant de posséder quelques-uns
« des petits morceaux, madrigaux, rondeaux, son-
nets, etc., » dont les habitués de notre Académie
devaient prodiguer la lecture.

Je crois avoir mis la main sur un des moins
fades.

C'est un compliment en vers adressé par La Fontaine à l'abbé de Bouillon, en 1660, à l'occasion de
son élévation au cardinalat.

Il est composé de six alexandrins qui ne figurent
dans aucune des nombreuses éditions des œuvres
du Fabuliste.

Je l'ai découvert dans l'histoire manuscrite de
l'abbé Hébert (année 1669) où personne jusqu'ici
n'était allé le chercher. Je ne sais comment le modeste et sincère abbé se les est procurés ? j'ai fait
de vaines recherches à ce sujet, mais il les cite en

toute franchise et sans exprimer le moindre doute sur leur authenticité.

Les voici :

Les trois derniers ne sont pas sans mérite. La coupe en est facile, les césures nettement accusées et à leur place, je ne dirai pas habituelle, mais à celle que La Fontaine leur attribue souvent.

(INÉDIT)

Je n'ai pas attendu pour vous un moindre prix,
De votre dignité je ne suis point surpris,
S'il m'en souvient, Seigneur, pour vous l'avoir prédite ;
Vous voilà deux fois prince, et ce rang glorieux
Est en vous, désormais, la marque du mérite ;
Aussi bien qu'il l'était de la faveur des cieux.

Pour la coupe du 1er lisez, le vers 15 de la 1re fable du livre VI.

Il renferme toujours son conte en quatre vers.

Ou bien le 165e de la fable 1re du livre X.

Quelque ange est attaché peut-être à ces grands corps.

Pour la césure du 4e voir épilogue du livre XI vers 19.

Louis dompte l'Europe, et, d'une main puissante,
Il conduit à leur fin les plus nobles projets.

Pour les 5e et 6e, voyez les vers 13 et 14 de la fable V du livre VIII.

Que fais-tu, Jupiter, que du haut de la nue
Tu n'en perdes la race afin de me venger ?

La Fontaine recevait de tous côtés des demandes importunes. Un M. de Saint-Girin contrôleur des finances à Grenoble lui avait envoyé un rondeau pour savoir de lui si l'avant dernier vers :

Sans de l'esprit c'est peu de chose, que d'être beau,

devait se mettre avec ou sans article. Le poète devait juger en dernier ressort. Cette expression, « sans de l'esprit » fut longtemps indécise. Boileau dit à Brossette (lettre XII). « Je vois bien qu'il s'agit dans vos conférences (Académie de Lyon) d'autre chose que de savoir s'il faut dire : Il a extrèmement d'esprit, ou : il a extrèmement de l'esprit. »

C'était, en effet, le côté futile de toutes ces réunions auxquelles on donnait le titre pompeux d'académies. Quelquefois le quémandeur vous mettait en demeure de répondre, et, comment se soustraire à cette obligation, lorsque la demande était faite par un de ces petits prodiges de huit à dix ans qu'on trouvait un peu partout à cette époque, comme aujourd'hui, d'ailleurs.

La lettre XX, écrite par La Fontaine à Racine et datée de Château-Thierry (6 juin 1686), nous donne un échantillon du genre.

« Je trouvai ici, le lendemain de mon arrivée, dit-il à son ami, une lettre et un couplet d'une fille âgée seulement de huit ans.

Voici le couplet, avec le billet qui l'accompagne :

> Quand je veux faire une chanson,
> Au parfait La Fontaine,
> Je ne puis tirer rien de bon
> De ma timide veine.
> Elle est tremblante à ce moment,
> Je n'en suis pas surprise
> Devant lui mon faible talent
> Ne peut être de mise.

« Je crois, en vérité, que je ne serais parvenue
« à faire une chanson pour vous, Monsieur, si je
« n'avais en vue de m'attirer une des vôtres. Vous
« me l'avez promise, et vous avez affaire à une
« personne qui est vive sur ses intérêts : Songez
« que je vous assassinerai jusqu'à ce que vous
« m'ayez tenu parole. »

Il est fort probable que ces vers et ce billet venaient de la maman et non de la fillette.

Malheureusement, nous ne possédons rien de
Marie Héricart. Il serait intéressant d'avoir le
témoignage écrit de ses causeries littéraires dont
les auteurs les plus en renom faisaient grand cas.
Elle était, *évidemment, de cent coudées* au-dessus
de ces personnages de Château-Thierry que Boileau a si malmenés dans le « Repas ridicule » mais
son langage était maniéré, si nous en croyons La
Fontaine, (lettre déjà citée) qui contrairement
aux précieux ne manque jamais l'occasion d'appeler un chat, un chat. Ce n'est pas qu'il soit
incapable de parler autrement ; écoutez-le :

Quand on eut du palais de ces filles du ciel,
Enlevé l'ambroisie en leurs chambres enclose,
Ou pour dire en français la chose,
Après que les ruches sans miel,
N'eurent plus que la cire, on fit maintes bougies (1).

Mais ce style figuré dont on fait vanité, sort du bon caractère et de la vérité, pensait-il avec Molière; voilà pourquoi ce parler dont il connaît toutes les ficelles, ne lui plaît que comme jonglerie de l'esprit.

(1) Le Cierge, liv. IX, fable XII.

CHAPITRE V

La société d'une femme comme la sienne eut,
à tout prendre, une heureuse influence sur ses
écrits.

Sans reparler des fables, il suffit de lire avec
attention les lettres qu'il lui adresse durant son
voyage en Limousin. C'est une relation complète
et du plus haut intérêt. Il prend tous les tons.

Ici, c'est un père qui donne à son enfant des
conseils pleins de sagesse et de douceur, là un
merveilleux paysagiste esquissant des détails pris
sur le vif et comme couchés sur la toile; c'est un
narrateur, un historien, un anecdotier, un poète et
par-dessus le marché un mari qui veut plaire à sa

femme et cherche à lui faire oublier les ennuis de l'absence.

Il se défend dans ses lettres, d'aimer les enfants; en tous cas, il n'oublie pas le sien et parle même une fois de lui rapporter un chaperon (jouet). Nous aurons occasion de dire bientôt ce qu'il faut penser de ceux qui prétendent qu'il l'abandonna de bonne heure et négligea de l'élever et de l'instruire.

Donc, à ne consulter que cette relation de voyage, telle qu'on peut la lire, maintenant, on remarque à bon droit qu'il trouvait beaucoup de plaisir à l'adresser à celle qui l'avait sans doute provoquée, même après quinze ans de mariage. Toutes ces lettres sont très étendues et fort gaies, ma foi, et si l'on n'y rencontre que fort peu d'expressions d'amour, on ne peut s'empêcher d'y voir au milieu de badinages d'une spirituelle et charmante malice, qu'il avait envie d'intéresser sa femme, loin de vouloir prendre avec elle le ton et le style de l'indifférence.

En 1682, alors même qu'il compose Belphégor et la matrone d'Éphèse, il trouve moyen de donner les fragments de Galatée et le poème du Quinquina où peignant autour d'un lit de mort, les enfants chéris, l'épouse bien-aimée et la fille destinée à un hymen dont on préparait les fêtes, il s'écrie dans un mouvement d'anxieuse tristesse :

Alors ! alors ! il faut oublier ces plaisirs.

Mais voilà que deux ans après son départ définitif de Château-Thierry , (Juillet 1689) La Fontaine adresse au prince de Conti les vers suivants qui sont le contre-pied de tout ce qui précède :

> Je soutiens et dis hautement,
> Que l'hymen est bon seulement
> Pour les gens de certaines classes.
> Je le souffre en ceux du haut rang,
> Lorsque la noblesse du sang,
> L'esprit, la douceur et les grâces,
> Sont joints au bien, et lit à part.
> Il me faut plus à mon égard.
> Et quoi? de l'argent sans affaire;
> Ne me voir autre chose à faire
> Depuis le matin jusqu'au soir,
> Que de suivre en tout mon vouloir;
> Femme, de plus, assez prudente
> Pour me servir de confidente.

La rupture était, ce semble complète. La dernière tentative de rapprochement entre les deux époux, date de 1687 ou de la fin de 1686. Elle fut infructueuse et le mari qui se contenta de sonner timidement à la porte de sa femme ne fut pas reconnu de la domestique dont la réponse laconique est connue de tous : Madame de La Fontaine est au salut. (Madame et non Mademoiselle, c'est un domestique qui parle.) Jean se retire prestement et passe la soirée chez un de ses amis. Racine et Boileau se le tiennent pour dit et ne reviennent plus à la charge. Depuis, plus de visites. Que s'était-il donc passé? *Mon Dieu*, le poète vient de résumer tout ce que nous avons dit nous-mêmes à ce sujet. Le mariage avec son cortège de plaisirs variés, semblait l'apanage exclusif de la noblesse. Pour les grands, seulement, cette union n'entraînait pas avec elle la gêne et la contrainte.

Que d'anecdotes piquantes à nous en tenir seulement à la protectrice de La Fontaine, Madame de la Sablière qui, du vivant de ses enfants, contracte, au vu et au su de tout le monde une liaison scandaleuse avec le marquis de la Fare. Le seul blâmé des deux fut le marquis à qui chacun reprocha vertement son lâche abandon.

Voyez aussi l'élégie III à Clymène

Que faire? mon destin est tel qu'il faut que j'aime,
On m'a pourvu d'un cœur peu content de lui-même,
Inquiet et fécond en nouvelles amours :
Il aime à s'engager, mais non pas pour toujours.
Si faut-il, une fois brûler d'un feu durable.

C'est la traduction naïve et bon enfant des deux vers suivants de Properce : (Elégie II, XXIII, 17).

« Uni cuique dedit vitium natura creato :
Mi natura aliquid semper amare dedit. »

Voilà sa grande excuse. Ajoutez à cela tous les petits défauts de sa femme, défauts qui malgré son naturel placide et tolérant, avaient fini par l'exaspérer.

Marie Héricart aurait voulu jouer le rôle de Philaminte et traiter La Fontaine en Chrysale.

Il fallait, certes, qu'elle méritât les plus durs reproches, cette épouse qui réussit à rendre attentif à ses défauts un mari qui ne soupçonnait même pas ceux qu'il avait lui-même et dont les distractions innombrables sont devenues proverbiales. Élevée tout autrement que lui dans un milieu guindé, pédante avant l'âge, impérative et fière, pleine d'elle-même et toujours prête à s'admirer au détriment des autres, *caquet bon bec s'il en fut,* elle colportait chez les voisins les secrets du ménage et passait souvent hors de chez elle le reste de journées employées soit à babiller, soit à lire la Calprenède et Mademoiselle de Scudéry.

Pensez-vous que La Fontaine pût confier longtemps son fils à pareille institutrice?

Que pouvait-il apprendre, le pauvre enfant, en compagnie de sa mère et peut-être de Poignant?

Ce capitaine de dragons durant son séjour à Château-Thierry vécut sans doute aux crochets de sa cousine. Ce *soudard* était, en effet, sans fortune puisque, nous l'avons vu, Racine son exécuteur testamentaire fut obligé de payer les frais de ses funérailles. Sa présence trop souvent constatée chez Madame de La Fontaine, implique évidemment autre chose que le plaisir de savourer les fadeurs d'une conversation sur Artamène ou Clélie. Sans rien affirmer à cet égard, il me semble qu'il faut tenir un peu compte des faits. Or, un jour, La Fontaine qui n'avait jamais manié une épée, se vit contraint après avoir vainement essayé de se soustraire à ce périlleux honneur, de provoquer en duel celui qu'on accusait tout haut d'être l'amant de sa femme. Il ne s'agit pas ici ce savoir si le duel eut lieu à Paris où à Château-Thierry; il eut lieu, cela nous suffit.

La Fontaine, désarmé net avant d'avoir pu se mettre en garde, serra la main de son ami, le priant de continuer à rendre visite à sa femme et d'aller la voir aussi souvent que par le passé. Ce que ne manqua pas de faire le peu scrupuleux capitaine. Je dis peu scrupuleux, bien que les relations de ce genre au XVIIᵉ siècle, fussent absolument dans l'ordre et qu'elles n'offrissent pas toujours matière à réprobation. D'ailleurs l'écorce de décence dont l'amante enveloppait sa faiblesse, le ton réservé qu'elle gardait en public, imposaient à la médisance, et les plus honnêtes femmes fréquentaient chez elle avec assiduité. De plus Mademoiselle de La Fontaine avait un soutien naturel : le clergé de Château-Thierry.

Comme elle se rendait « souventes fois » de la rue des Cordeliers à l'église de Saint-Crépin, sa paroisse, et qu'elle ne manquait jamais un office, les traits médisants avaient beau pleuvoir de tous côtés, sa réputation était intacte et brillait d'un éclat que l'indifférence du mari rendait encore plus vif.

Pourtant quelques rieurs avaient beau jeu. Que de fois, n'essaya-t-on pas d'exciter sa jalousie! Que de brandons de discorde jetés dans sa maison! Que de lazzis, lorsque sur la place du Beau-Richard les géphyristes de Château-Thierry, l'accueillaient par des lardons d'ésprit et des rires homériques! Un jour, enfin, le poète fut mis en demeure de donner la mesure de son courage et de son amour. Nous avons vu comment il s'en tira. Certes, ce n'était pas crâne, mais La Fontaine ne s'est jamais piqué d'avoir « des bras d'Hercule » aimant mieux employer d'autres armes : celles du ridicule ou de l'indifférence.

« Laissez-le tranquille disait-il en faisant allusion aux assiduités de Poignant auprès de sa femme : il en sera aussi vite fatigué que moi ».

Nous connaissons déjà l'intelligence et le moral de Marie Héricart; nous n'avons rien dit encore de son physique.

A tout prendre elle était belle, bien qu'elle n'ait pas été flattée sur le portrait qu'en a laissé Mignard. Mais nous savons que son mari n'aimait pas, les nez aquilins. Il avoue non sans une pointe d'amer-

tume et de raillerie, dans une lettre écrite à sa
femme et datée de Limoges, le 19 septembre 1663,
que les Pidoux de Châtellerault ont du nez, et
abondamment.

Il aimait les nez retroussés, songeant sans doute
à celui de Marie Mancini dont le musée de Château-
Thierry possède le portrait authentique. Or, le nez
de Mademoiselle de La Fontaine n'était pas ainsi
fait, et les nez ont parfois changé la face des
choses. Loin de moi la pensée d'affirmer un seul
instant qu'un malheureux nez ait fait naître chez
La Fontaine le plus léger dégoût.

Le Fabuliste aimait surtout la grâce « plus belle
encore que la beauté » ; cette grâce *mélange exquis
des plus aimables choses* (poème d'Adonis), que
Marie ne posséda jamais.

La Fontaine voulait que tout ce qui l'approchait
fût l'image de cette nature dont il nous dépeint à
chaque instant le suave et riant aspect.

Lisez ses portraits de femme :

> L'herbe l'aurait portée,
> Une fleur n'aurait pas,
> Reçu l'empreinte de ses pas.

C'est l'idéal ;

Quam intuens in eaque defixus. (*Le songe pour
Madame la princesse de Conti, fille du roi et de
Mademoiselle de la Vallière*) :

(Voyez la lettre de M. l'abbé Vergier, sur Mademoiselle de Baulieu. Cette demoiselle qu'il vit chez Madame d'Hervart, un beau dimanche, et qui lui tourna la tête).

« Qu'avait affaire M. d'Hervart de s'attirer la
« visite qu'il eut dimanche? (4 juin 1688). Que ne
« m'avertissait-il. . . . .

« Je lui aurais dit que son très humble serviteur
« était incapable de résister à une fille de quinze
« ansqui a les yeux beaux, la peau délicate et blan-
« che, les traits du visage d'un agrément infini,
« une bouche et des regards. . . , ...

« Un laquais le seul homme que je rencontrai,
« m'apprit de combien j'avais quitté la vraie route,
« et me remit dans la voie en dépit de Mademoi-
« selle de Baulieu qui m'occupait tellement que je
« ne songeais ni à l'heure ni au chemin. »

> Comment pourrais-je décrire
> Des regards si gracieux?
> Il semble, à voir son sourire
> Que l'aurore ouvre les cieux.

Ah! les nez retroussés, les bonnes et longues tresses jointes à la vivacité de l'esprit, à l'amabilité surtout, comme il les adorait !

(Voyez la lettre XVI à Madame la duchesse de Bouillon.)

Peut-on s'ennuyer en dès lieux
Honorés par les pas, éclairés par les yeux
D'une aimable et vive princesse,
A pied blanc et mignon, à brune et longue tresse?
Nez troussé c'est un charme encor, selon mon sens;
C'en est même un des plus puissants.
S'il arrive que mon cœur
Retourne, à l'avenir, dans sa première erreur,
Nez aquilins et longs n'en seront pas la cause.

Il n'est pas jusqu'à la chanson composée pour
Madame d'Hervart, sur « l'air des folies d'Es-
pagne (1689) qui ne retrace l'objet divin de ses
rêves :

Le printemps paraît moins jeune qu'elle:
D'un beau jour la naissance rit moins ;
Tous les yeux disent qu'elle est plus belle,
Tous les cœurs en servent de témoins.

Ses refus sont si remplis de charmes,
Que l'on croit recevoir des faveurs :
La douceur est celle de ses armes
Qui se rend la plus fatale aux cœurs.

Sa présence embellit nos bocages;
Leurs ruisseaux sont enflés par mes pleurs
Trop heureux d'arroser des ombrages
Où ses pas ont fait naître des fleurs.

Pas plus au moral qu'au physique, sa femme ne
répondait à cet idéal. Enfin, les années passées
chez les Grands, l'existence toute de chère lie
menée chez Fouquet, puis continuée chez la du-

chesse de Bouillon ; la société de Mademoiselle de Champmeslé, dont le divin sourire et le prestigieux talent faisaient tourner tant de têtes, l'accueil empressé reçu de toutes parts, le désir aussi de ne manger que son fonds avec son revenu sans toucher à ce qui n'était pas son bien, l'amenèrent insensiblement à paraître se désintéresser de sa femme et de son fils. Mais ce ne fut pas sans arracher cet enfant à l'influence d'une mère qui l'aurait élevé contrairement aux saines règles du goût et du bon sens. D'après une lettre d'une de ses quatre petites-filles, lettre à Fréron (année littéraire 1758, tome II, page 11) La Fontaine fit, en effet, donner à son fils, une excellente éducation à laquelle avait présidé son fidèle Maucroix. D'un autre côté, M. de Harlay, procureur général au parlement, voulant récompenser le poète des moments délicieux qu'il devait à ses fables, prit chez lui le jeune Charles, à partir de 1668. Sur le conseil de Madame de la Sablière, le père écrivit une épître dédicatoire en l'honneur d'un tel bienfaiteur.

> Au moindre des mortels, votre porte est ouverte,
> Nos vœux y sont ouïs, notre plainte soufferte,
> L'équité sort toujours contente de ces lieux, etc.

Voilà comment La Fontaine savait remercier. Pourrait-on le faire avec plus de délicatesse et de discrétion ! Comme on connaissait le fond de son

cœur et de son caractère fait de reconnaissance et
de bonté, quelques amis, Racine et Boileau pour
ne pas en nommer d'autres, essayèrent de le ré-
concilier avec sa femme. Incapable de résister à
de puissantes sollicitations, il s'exécuta de bonne
grâce mais en se réservant de répondre après un
insuccès voulu : « Il ne tient pas à moi, c'est déjà
quelque chose. »

Quoiqu'il en soit, ni Maucroix, ni Madame de la
Sablière, ni ses autres amis ou bienfaiteurs ne lui
reprochèrent jamais ses torts, s'il est vrai qu'il en
eût de sérieux. La postérité ne lui a pas, elle non
plus gardé rancune, car c'est grâce peut-être à l'humeur un peu vagabonde du poète, à sa libre existence, qu'elle fait quotidiennement ses délices d'une
œuvre incomparable, fruit de l'indulgence de nos
pères pour celui « que Dieu n'a pas eu le courage de damner. »

Jamais en effet, on ne lui connut d'ennemi. Les
offres les plus avantageuses lui furent faites ;
l'Angleterre elle-même le demanda par l'intermédiaire d'un illustre exilé (Saint-Évremond) après la
mort d'Henriette d'Angleterre ; mais il ne voulut
pas quitter Paris, sous prétexte qu'il ne savait pas
un mot d'anglais. Madame de la Sablière le re-
cueillit chez elle, ils étaient si bien faits pour s'entendre !

Vrais dans tous leurs discours, vrais dans leur

pénitence à la fin de leurs jours, ils conservèrent intacte pour l'objet aimé la place où jamais nouvel hôte ne put venir s'asseoir. L'un malgré son inconstance n'oublia jamais sa bergère (Madame de Bouillon ; l'autre se retire aux Incurables pour oublier un mal dont la guérison, dit Madame de Sévigné, (lettre du 21 juin 1680, à sa fille) réjouit plus que nulle autre.

Madame de la Sablière était veuve. Ses deux filles étaient mariées. Son fils restait attaché à la religion réformée. Rien ne la retenait plus dans ce monde qu'elle haïssait pour en avoir trop attendu. Pourtant elle n'avait pas rompu tout-à-fait avec la société au milieu de laquelle elle avait vécu ses plus belles années. Elle habitait alors un hôtel de la rue Saint-Honoré, dont les jardins s'étendaient jusqu'à ceux des Feuillants, des Dames de la Conception et des Tuileries.

Elle y logeait La Fontaine qui était à elle depuis neuf ans.

« Elle pourvoyait à ses besoins, dit l'abbé d'Olivet, persuadée qu'il n'était guère capable d'y pourvoir lui-même. »

C'est de ce bel hôtel et de ces beaux ombrages qu'elle partait pour aller au bout de la rue du Bac, soigner les malades. Bien que dévote et pénitente, elle recevait et rendait des visites. Elle s'intéressait encore aux ouvrages de son poète domestique ou du moins elle feignait par bonté, de s'y complaire, quoique retirée du monde, puisqu'ayant envoyé de Château-Thierry des vers à Racine, La Fontaine priait son ami de ne les montrer à personne, Madame de la Sablière ne les ayant pas encore vus. Cet envoi est de 1686, alors que Madame de la Sablière s'était beaucoup enfoncée dans la retraite.

C'est peu de temps après qu'elle se mit sous la direction spirituelle de Rancé.

« Armand-Jean le Bouthillier, abbé de Rancé, était alors dans la soixante-et-unième année de son âge et dans la douzième de sa retraite. Restaurateur de la Trappe, il achevait dans la pénitence une vie commencée dans le scandale. C'est ainsi que tous ou presque tous finissaient au XVIIe siècle. Jeune il avait été comme le cardinal de Retz, un prélat ambitieux et galant. La mort de Madame de Montbazon avait retourné sa vie. Sa connaissance du monde dont il avait épuisé les plaisirs et les honneurs, jointe à l'inflexibilité d'un caractère qui n'hésitait jamais, le rendait particulièrement propre à ce que l'Église appelle les directions spirituelles. La princesse Palatine l'avait consulté maintes fois sur des difficultés de conscience et tous deux avaient entretenu un commerce de lettres qui n'avait fini qu'à la mort de la duchesse de Clèves dont Bossuet consentit à célébrer l'illustre repentir.

Celle que La Fontaine et Chaulieu nommaient
Iris et chantaient dans leurs vers, celle qui fut,
avec Ninon de ce souper où Molière et Boileau
composèrent le latin du malade imaginaire, maintenant cherchant le bonheur par des voies nouvelles, renfermait sa vie dans une salle d'hôpital.
Celle enfin que tout à l'heure encore aimait La
Fare et que La Fontaine chantait, heureuse dans
les tortures et les horreurs d'un mal dévorant,
déployait une âme angélique et « marchant sur la
terre, était déjà dans les cieux. (Jules Claretie).
Elle mourut « le sixième janvier 1693 », rue aux
Vaches, actuellement rue Rousselet, et « le sep-
tième » elle fut enterrée par le clergé de Saint-
Sulpice. Il est probable que La Fontaine habita
jusqu'en 1693 rue Saint-Honoré, ces deux maisons appartenaient à la paroisse et le père Pouget
dit que le poète quitta cette paroisse peu après sa
conversion.

Il y était resté vingt ans.

Pauvre vieillard ! Depuis sept longues années on
ne l'avait pas vu à Château-Thierry où, cependant
habitait sa femme. Dès 1688, sa santé commence à
s'altérer. Madame de la Sablière, comme on le sait,
lui procura toujours « le vivre et le couvert » en
fallait-il davantage ! Elle ne songea pas un instant
malgré son renoncement au monde, à priver son
vieil ami des subsides qu'il ne pouvait, pour le

moment, recevoir que d'elle. Mademoiselle de La Fontaine, tout entière à ses dévotions et peu soucieuse de l'avenir de son fils qui ne donnait que de bien médiocres espérances, recevait, dit-on de son mari quelques rares lettres aujourd'hui perdues et ne se préoccupait guère de ce qu'il faisait. Poignant, qui poussait de temps à autre une pointe jusqu'à Paris, donnait des nouvelles du bonhomme et Fr. Maucroix, parrain du jeune Charles surveillait son filleul. (Voir Mathieu-Marais). La Fontaine, fut attaqué en 1692 d'une maladie très grave qui mit ses jours en danger. A partir de ce moment, il veut s'adonner tout entier à la religion. Dès 1687, la conversion de Madame de la Sablière avait immédiatement reporté le vieux poète aux premières années de sa vie alors qu'il ruminait dans sa jeune tête des idées claustrales dissipées bientôt à tous les vents par d'exquises visions et des rêves d'or. Il y revenait maintenant et dans sa lettre au savant évêque d'Avranches il parle avec enthousiasme de Racan et de Malherbe qui, dit-il,

> Parmi les chœurs des anges,
> Là-haut de l'Éternel célébrant les louanges,
> Ont emporté leur lyre, et j'espère qu'un jour
> J'entendrai leur concert au céleste séjour.
> Digne et savant prélat, vos soins et vos lumières,
> Me feront renoncer à mes erreurs premières.

Au sortir de chez Madame de la Sablière, La

Fontaine se retire chez Madame d'Hervart, rue de la Plâtrière. A partir de ce moment, adieu les contes et les frivolités. Et pourtant, Dieu sait si le poète songeait à mal en les écrivant. Un vicaire de Saint-Roch, l'abbé Pouget, nous affirme que son nouveau pénitent ne pouvait s'imaginer que le livre des contes fût un ouvrage pernicieux. Ceux qui ont connu La Fontaine, ajoute le jeune ecclésiastique, n'auront pas de peine à concevoir qu'il ne faisait pas de mensonge en parlant ainsi. La maladie l'épargna pour cette fois et c'est avec une ardeur juvénile qu'il se met à composer des hymnes.

Une lettre qu'il écrit à son ami Maucroix en date du 26 octobre 1694, nous l'apprend.

« J'espère que nous attraperons tous deux les « quatre-vingts ans et que j'aurai le temps d'ache- « ver nos hymnes.

« Je mourrais d'ennui si je ne composais plus. « Donne-moi tes avis sur le *Dies iræ, dies illa,* « que je t'ai envoyé.

« J'ai encore un grand dessein, où tu pourras « m'aider.

« Je ne te dirai pas ce que c'est, que je ne l'aie « avancé un peu davantage ».

Maucroix seul vécut au-delà du terme fixé par La Fontaine, puisqu'il atteignit quatre-vingt dix ans.

Nous venons de recueillir un précieux témoignage. Le poète nous avoue qu'il mourrait d'ennui s'il ne composait plus.

Dans une seconde lettre à Maucroix, c'est la dernière qu'il ait écrite, il avoue qu'il ne sort point depuis deux mois, si ce n'est pour aller un peu à l'Académie, *afin que cela l'amuse*. « On reconnaît là « ce sombre plaisir d'un cœur mélancolique » dont on n'a pas assez parlé, ce me semble. Que de fois ne dut-il pas songer aux siens ! mais il savait que son cher Maucroix ne les perdait pas de vue. Il mourut le 13 avril 1695 et fut enseveli, le jeudi 14 à l'âge de soixante-seize ans, et inhumé au cimetière des Innocents.

Marie Héricart décéda le 9 novembre 1709. Leur fils, Charles, avait peu de dispositions. Il ne sut pas profiter de l'excellente éducation qu'il avait reçue, et passa son temps à boire si l'on en croit le couplet ci-dessous que l'abbé Hébert reproduit dans son histoire manuscrite de Château-Thierry.

> O merveilleux La Fontaine,
> Qu'on vit naître en ce pays,
> En vain ta brillante vaine,
> Le charma-t-elle jadis ;
> Il n'en reste aucune trace ;
> L'héritier d'un si grand nom
> Déshérité du Parnasse
> Ne connaît que son flacon.

On l'appelait communément La Fontaine *Carpet* (nom significatif) sans doute pour le distinguer d'un Crépin de La Fontaine qui était alors procureur du Roi. Dans la société Castrothéodoricienne son épouse était connue sous le nom de Cigale, tandis que la femme de Crépin de La Fontaine portait le nom de Fourmi; la première était prodigue, la seconde parcimonieuse à l'excès.

Charles se marie à cinquante-trois ans (1712) avec Jeanne-Françoise du Tremblay. Il fut greffier de nos Seigneurs les maréchaux de France, en la juridiction du point d'honneur, établie en faveur des gentilshommes. Il mourut en 1723 à l'âge de soixante-trois ans, laissant quatre filles et un fils, Charles-Louis de La Fontaine, né en 1720. Les quatre filles ne purent ou ne voulurent pas trouver de mari, et vécurent dans une certaine gêne. Elles tenaient ce qu'on appelait à cette époque un regrat de sel; emploi vulgaire et peu lucratif. On dit que M. d'Armonville, intendant de Soissons, voulut que les descendants du poète fussent exempts des charges publiques.

Charles-Louis, fit de brillantes études à Paris, au collège de Beauvais. Il fut reçu avocat au Parlement de Paris et on l'employa quelque temps dans l'administration des Postes à Dijon et à Valenciennes. Il devint plus tard intendant du marquis de Bonac dont il géra les propriétés en

Bretagne et dans le comté de Foix. Ce M. de Bonac ayant été nommé ambassadeur en Hollande, Charles-Louis l'y suivit en qualité de secrétaire. Il revient en France au bout d'un an et retourne dans le comté de Foix.

On lui trouvait beaucoup d'esprit, d'érudition et un certain talent pour la poésie. Ses *jolies* pièces de vers ne parurent que sous le manteau. Le public ne les connut jamais. Ennemi du travail et de l'application il disait avec une certaine amertume : Ne me sentant pas de force à égaler mon aïeul, j'aime mieux ne pas augmenter la liste déjà trop nombreuse des enfants qui dégénèrent de leurs ancêtres ». Cela ne rappelle-t-il pas le mot de Voltaire à propos de Louis Racine : petit-fils d'un Grand père ? Il mourut à Foix le 13 novembre 1757.

Sa veuve épousa un certain M. de Neuilly, fermier général qui mourut sur l'échafaud en 1793.

Charles-Louis laissa trois enfants : Marie-Françoise-Claire, Hugues-Charles et Claire-Marie.

Leurs vieilles tantes prirent soin de leur éducation.

En 1761, les deux filles de Louis XV, Adélaïde et Victoire, passèrent par Château-Thierry pour se rendre aux eaux de Plombières.

Marie-Françoise-Claire, âgée de sept ans environ adressa, paraît-il, aux deux princesses un compliment dont voici les principaux passages :

Jean s'en alla comme il était venu
Mangeant son fonds avec son revenu,
C'était mon bisaïeul, de célèbre mémoire,
Son fils a fait de même ; aussi son petit-fils,
Jamais au monde ils n'ont acquis
Que de l'estime et de la gloire.
Mon bisaïeul était un fablier
Disait fort plaisamment une femme immortelle :
Cet arbre est mort, mais non pas tout entier ;
J'en suis un rejeton, une tige fidèle,
Et voici de mes fruits une fable nouvelle
Faible, abattu, cherchant un appui nécessaire,
Un lierre desséché languissait sur la terre.
Il aperçut un chêne audacieux
Dont le sommet se perdait dans les cieux.
Ce chêne répandait une ombre bienfaisante,
Cet arbre était sacré ; les bergers d'alentour
L'ayant déifié, l'adoraient chaque jour.
Qui fait les dieux : c'est notre amour.
Notre lierre poussé par son heureux destin
Va pour saisir le tronc de cet arbre divin,
Il s'élève, il serpente autour de son écorce,
Le voilà ranimé triomphant, plein de force.
Je suis ce lierre abandonné :
Vous, cet arbre divin que ma faiblesse embrasse.
Je vous ai peint mon sort infortuné ;
Votre appui seul peut en changer la face.

Les deux princesses se déclarèrent ravies. A
leur retour de Plombières elles l'emmenèrent avec
elles, et pour la présenter au Roi la parèrent de
leurs plus beaux diamants. Quand on voulut les lui
retirer :

Madame, dit-elle, ne reprend pas ce qu'elle donne.

Mariée plus tard à M. Charles-Étienne-Marie-Marin Demarson, elle en eut plusieurs enfants. Sa sœur Marie qu'on appelait Mademoiselle Gracieuse, épousa M. Despots procureur du Roi à Château-Thierry. Aucun enfant ne naquit de cette union. Quant à Hugues-Charles, il est mort en août 1824, sans postérité, (1) probablement aussi sans talent, ni aptitudes littéraires.

Revenons une dernière fois à Jean de La Fontaine et disons en terminant avec un poëte ignoré, compatriote du fabuliste :

Il fut naïf, bon homme et n'eut point de rivaux,
Il peignit la nature et brisa ses pinceaux.

Naïf, bonhomme, deux épithètes qui justifient pleinement le fabuliste du double reproche de négligence et de laisser-aller comme père d'abord, comme époux ensuite.

. . . . En somme,
Si j'étais le bon Dieu, je serais un bonhomme,

A dit Victor Hugo. La Fontaine est, en effet, le bon Dieu des enfants, des jeunes gens et des vieillards.

(1) Aveugle et infirme, il vint peu de temps avant sa mort dans la ville où était né son bisaïeul.

Logé à l'hôtel de la Sirène, il ne se fit connaître de personne. On ne sut qui il était, qu'après son décès.

Il donne aux premiers des leçons de respect ; il apprend aux seconds que jugement vaut mieux que barbe au menton ; il enseigne aux derniers à considérer le déclin de la vie comme le soir d'un beau jour et il nous initie tous à la pratique des vertus moyennes, de cet héroïsme du bon sens qui nous inspire une sainte horreur pour les excès de tout genre.

Virtus est medium vitiorum et utrinque reductum, nous dit-il après Horace. . . . . Ah ! ce n'est pas lui, certes, qui s'est jamais plaint *d'avoir mal à la vie* comme ces désespérés ou ces mécontents qui ne voient autour d'eux qu'objets à maudire.

> Jean-Jacques pleure et se démène,
> Contre les hommes et les mœurs,
> La gaîté de Jean de La Fontaine,
> Épure et pénètre les cœurs
> L'un avec ses grands mots nous leurre,
> De l'autre, un rat nous convertit,
> Nargue à jamais du Jean qui pleure,
> Vive à jamais le Jean qui rit.

CONCLUSION

Sans avoir besoin de faire œuvre de réhabilita-
tion à l'égard de celui qui n'a jamais eu de détrac-
teurs sérieux, pas même en ce qui concerne sa vie
privée, j'ai cherché, dans ce petit opuscule, à
prouver que La Fontaine sans être le modèle des
pères et des maris, s'en est en somme, aussi bien
tiré, qu'homme de son siècle. — Il a, quand autour
de lui les Grands lui traçaient des leçons d'infidé-
lité, consacré quinze ans de sa vie à une femme
d'humeur acariâtre, sorte de Xantippe, doublée
d'une Philaminte.

On ne s'en souvient pas assez et on lui oppose
Racine que chacun regarde comme le plus simple,
le plus affectueux, et le plus pieux des pères de
famille. — C'est fort bien sans doute, (quoique de
récentes révélations ne nous apprennent que trop
ce qu'il faut penser de sa fidélité conjugale) ; mais,
à l'opposé de sa cousine par alliance, Catherine
de Romanet avait l'esprit peu cultivé. Louis Racine
son fils, nous affirme « qu'elle porta l'indifférence

pour la poésie, jusqu'à ignorer toute sa vie, ce que c'était qu'un vers ». — Elle n'apprit que par la conversation les titres des tragédies de son mari. — C'était avant tout une femme d'intérieur, aimant se claquemurer aux choses du ménage et s'occupant de ses marmots d'enfants. — Marie Héricart n'eut en partage aucune de ces qualités. La Fontaine lui fait d'aimables remontrances sur son engouement pour les romans à la mode. Le ménage souffrait de ce travers ; ce n'était pas non plus d'un bon exemple pour leur jeune enfant dont l'éducation se ressentit fort longtemps de ce manque de soins maternels.

Aussi, La Fontaine, s'estima très heureux de pouvoir confier son fils à M. de Harlay qui voulut bien se charger des frais de son instruction. — Dès ce moment, le dénouement prévu se précipite — La Fontaine s'éloigne peu à peu de sa femme et comme il en fait l'aveu dans une de ses plus belles fables (Les deux Pigeons), ailleurs il porta ses présents, c'est-à-dire son amour. Disons à son honneur que s'il s'accuse en outre d'avoir mangé son fonds avec son revenu, la dot de Marie Héricart fut épargnée.

Les deux époux étaient séparés de biens et La Fontaine avait trop de dignité pour demander à d'autres qu'à ses amis ou protecteurs, bon souper, bon gîte et le reste.

Toutes les portes s'ouvraient à son approche ; il était l'hôte indispensable et toujours désiré des plus illustres maisons, malgré ses franches et libres allures qui sont proverbiales.

> Je dois tout respect aux Vendômes,
> Mais j'irais en d'autres royaumes,
> S'il me fallait, en ce moment,
> Leur céder un ciron, seulement.

Voilà l'homme. Prenons-le tel qu'il est, sans toutefois le charger des iniquités dont sa femme doit porter presque tout le poids.

NOTA. — *Pour servir de note complémentaire aux renseignements donnés sur le Collège de Château-Thierry, page 13.*

M. Corlieu, bibliothécaire-adjoint à la Faculté de médecine de Paris a découvert dans une pièce manuscrite de la Bibliothèque nationale, le nom du régent de La Fontaine :

Il s'appelait Malézard. A cette époque le Collège de Château-Thierry ne recevait pas d'internes.

Il existe encore. C'est une maison d'assez chétive apparence, située rue du Château numéro 20.

Je possède l'acte de vente de cet immeuble, passé par-devant Mᵉ Nusse, notaire à Château-Thierry, le 20 décembre 1824. Le produit de cette vente, (1) aux termes de l'article 3 d'un arrêté du Préfet de l'Aisne, devait être affecté à l'acquisition d'une maison *propre à l'établissement d'une école des Frères.*

Fait à Laon, en l'hôtel de la Préfecture, le neuf juin mil huit cent vingt-quatre.

Signé :
Comte DE FLOIRAC.

(1) 2.500 francs.

Château-Thierry. — Imp. LACROIX.

www.ingramcontent.com/pod-product-compliance
Ingram Content Group UK Ltd.
Pitfield, Milton Keynes, MK11 3LW, UK
UKHW031846170726
13836UKWH00004B/1909